Du même auteur chez le même éditeur

Le moine qui vendit sa Ferrari, 1999, 240 p.

La sagesse du moine qui vendit sa Ferrari : les huit rituels des leaders visionnaires, 2000, 304 p.

Qui va pleurer… quand vous mourrez ? Leçons de vie du moine qui vendit sa Ferrari, 2001, 224 p.

Favorisez le leadership de vos enfants grâce aux principes du moine qui vendit sa Ferrari, 2002, 240 p.

Le Saint, le Surfeur et la PDG : Donnez vie aux désirs de votre cœur, 2003, 240 p.

Découvrez votre destinée : Les sept étapes de l'éveil personnel, 2004, 272 p.

Mégavie… mon style de vie : Rendre sa vie magnifique par l'auto-leadership, 2008, 288 p.

L'excellence, une attitude à adopter : Travaillez brillamment, vivez magnifiquement : 101 leçons de succès et de bonheur, 2010, 224 p.

Le Leader sans titre : Une fable moderne sur la véritable réussite en affaires et dans la vie, 2011, 240 p.

Les lettres secrètes du moine qui vendit sa Ferrari, 2012, 288 p.

Les Lettres secrètes du Moine qui vendit sa Ferrari

Catalogage avant publication de Bibliothèque et Archives nationales du Québec et Bibliothèque et Archives Canada

Sharma, Robin S. (Robin Shilp), 1964-

[Secret letters of the monk who sold his Ferrari. Français]

Les lettres secrètes du moine qui vendit sa Ferrari

Traduction de : The secret letters of the monk who sold his Ferrari.

ISBN 978-2-89225-779-3

I. Roy, Jocelyne, 1959- . II. Titre. III. Titre : Secret letters of the monk who sold his Ferrari. Français.

PS8587.H332S4314 2012 C813'.54 C2012-940670-8

PS9587.H332S4314 2012

Adresse municipale :

Les éditions Un monde différent

3905, rue Isabelle, bureau 101

Brossard (Québec) Canada

J4Y 2R2

Tél. : 450 656-2660 ou 1 800 443-2582

Téléc. : 450 659-9328

Site Internet : www.umd.ca

Courriel : info@umd.ca

Adresse postale :

Les éditions Un monde différent

C.P. 51546

Succ. Galeries Taschereau

Greenfield Park (Québec)

J4V 3N8

Cet ouvrage a été publié en langue anglaise sous le titre original :

THE SECRET LETTERS OF THE MONK WHO SOLD HIS FERRARI

Publié par Collins et édité chez HarperCollins Publishers Ltd

2 Bloor Street East, 20th Floor,

Toronto, Ontario, Canada, M4W 1A8

www.harpercollins.ca

Dépôts légaux : 2e trimestre 2012

Bibliothèque nationale du Québec

Bibliothèque nationale du Canada

Bibliothèque nationale de France

Illustration originale :

ALEXANDER ROW

Conception graphique de la couverture française :

OLIVIER LASSER et AMÉLIE BARRETTE

Version française :

JOCELYNE ROY

Photocomposition et mise en pages :

ANDRÉA JOSEPH [pagexpress@videotron.ca]

Typographie : Fairfield LH 12,3 sur 15,6 pts (CS5.5)

ISBN 978-2-89225-779-3

(Édition originale : ISBN 978-1-44340-731-1, Ontario, Canada)

Nous reconnaissons l'aide financière du gouvernement du Canada par l'entremise du Fonds du livre du Canada (FLC) pour nos activités d'édition.

Gouvernement du Québec – Programme de crédit d'impôt pour l'édition de livres – Gestion SODEC.

Gouvernement du Québec – Programme d'aide à l'édition de la SODEC.

IMPRIMÉ AU CANADA

Robin Sharma

AUTEUR DU BEST-SELLER
Le moine qui vendit sa Ferrari

Les Lettres secrètes du Moine qui vendit sa Ferrari

UN MONDE DIFFÉRENT
1977 2012

«Allez aussi loin que porte votre regard.
De là, vous pourrez voir encore plus loin.»

— Thomas Carlyle

Prologue

Mon guide silencieux avançait rapidement, comme s'il lui répugnait également de circuler sous terre. Le tunnel était humide et mal éclairé, mais on pouvait quand même voir ce qu'il renfermait. Les ossements de six millions de Parisiens étaient ensevelis là…

Soudain, le jeune homme s'arrêta à l'entrée d'un autre tunnel, séparé de celui que nous venions d'emprunter par une grille de fer rouillée. Il y faisait sombre. Mon guide a poussé la grille et s'est engagé dans la pénombre. Il s'est ensuite immobilisé et s'est tourné vers moi, comme pour s'assurer que je le suivais toujours. J'ai avancé d'un pas incertain dans la lumière anémique alors que son dos disparaissait devant moi. J'ai fait quelques pas de plus.

Et puis mon pied a buté sur quelque chose. Le bruit de ce qui m'a paru des morceaux de bois qui s'entrechoquaient a rempli l'air et j'ai figé sur place. Aussitôt, un rayon de lumière s'est mis à danser autour de moi. Mon guide venait d'allumer sa lampe de poche. J'aurais préféré qu'il ne le fasse pas. Tout à coup, l'ordre macabre qui avait régné jusque-là n'existait plus. Il y avait des os partout, éparpillés sur le sol autour de nos pieds, tombés de piles instables le long des parois. La lumière éblouissante a fait briller des nuages de poussière et révélé des toiles d'araignées qui pendaient du plafond.

« Ça, c'est pour vous », a dit mon guide. Il m'a tendu la lampe de poche. Je l'ai prise et il s'est éloigné en me frôlant.

« Mais qu'est-ce que… ? » ai-je balbutié.

Mais avant que je puisse terminer ma question, l'homme a dit d'un ton brusque : « Il vous rencontrera ici. » Et puis il est disparu, me laissant seul, à 15 mètres sous terre : un être humain solitaire debout parmi les morts.

Chapitre un

C'était l'une de ces journées qu'on souhaiterait déjà terminée à peine 10 minutes après avoir ouvert les yeux. Tout d'abord, j'avais remarqué un flot alarmant de lumière qui se glissait sous le store. Vous savez, cette lumière de 8 heures du matin – et non pas celle de 7 heures. Mon réveil n'avait pas sonné. Cette constatation a été suivie de 20 minutes de panique – jurons, cris et pleurs (c'est mon fils de six ans qui pleurait) pendant que je courais dans la maison, de la salle de bain à la porte d'entrée en passant par la cuisine, tentant de rassembler tous les trucs ridicules dont Adam et moi aurions besoin pendant le reste de la journée. Alors que je me rangeais devant son école 45 minutes plus tard, Adam m'a lancé un regard lourd de reproches.

« Maman a dit que si j'arrive encore en retard à l'école le lundi, je ne pourrai plus dormir chez toi le dimanche soir. »

Oh là là !

« C'est la dernière fois, ai-je dit. La dernière fois, je te le promets. »

Adam est sorti de la voiture, l'air peu convaincu.

« Tiens ! » lui ai-je dit en lui tendant un sac de plastique bien rempli. « N'oublie pas ton déjeuner. »

« Garde-le », a dit Adam sans me regarder. « Je n'ai pas le droit d'apporter du beurre d'arachide à l'école. »

Et puis, il a tourné les talons et s'est élancé au pas de course dans la cour d'école déserte. *Pauvre enfant*, ai-je pensé en observant ses petites jambes qui galopaient en direction de la porte d'entrée. Il n'y a rien de pire que d'arriver en retard, quand tous les autres élèves sont déjà en classe et que l'hymne national retentit dans les couloirs. En retard et sans déjeuner.

J'ai jeté le sac de plastique sur le siège du passager en poussant un soupir. Un autre week-end « de garde » qui s'achevait de manière peu glorieuse. Apparemment, j'avais lamentablement échoué comme mari. Et maintenant, il semblait que j'allais faillir avec une égale flamboyance en tant que père séparé. Dès que j'allais chercher Adam, j'écopais inévitablement d'une interminable série de déceptions. Et même si l'absence d'Adam pendant la semaine me faisait l'effet d'un membre manquant, j'arrivais toujours en retard le vendredi. La promesse d'une pizza et d'une sortie au cinéma se trouvait ternie par le sandwich au thon qu'Annisha lui avait préparé de guerre lasse.

Et puis, mon portable ne cessait de faire entendre sa sonnerie saccadée, comme s'il avait le hoquet. Il sonnait au cinéma et lorsque je bordais Adam dans son lit. Il sonnait pendant le petit-déjeuner composé de crêpes légèrement brûlées et quand nous nous promenions dans le parc. Il sonnait encore lorsque nous allions acheter des hamburgers et tout au long de l'heure du conte.

Bien entendu, la sonnerie de mon portable n'était pas le véritable problème. C'était plutôt que je répondais chaque fois. Je vérifiais mes messages ; j'envoyais des réponses ; je parlais à des gens. Et à chaque interruption, Adam devenait un peu plus silencieux, un peu plus distant. Cela me brisait le cœur, et pourtant j'avais les paumes moites à l'idée d'ignorer mon téléphone, ou encore de l'éteindre.

Alors que je me hâtais vers le bureau, j'ai broyé du noir en repensant à ce week-end raté. Lorsque Annisha avait proposé que nous nous séparions quelque temps, j'avais eu l'impression qu'un camion me passait sur le corps. Cela faisait des années qu'elle se plaignait parce que je ne passais jamais de temps avec elle ou Adam, que j'étais trop pris par mon travail ou trop occupé avec ma propre vie pour faire partie de la leur.

« Mais en quoi une séparation va-t-elle régler le problème ? » avais-je rétorqué. « Si tu veux me voir davantage, pourquoi t'arranges-tu pour me voir *moins* ? »

Après tout, elle avait dit qu'elle m'aimait encore, qu'elle voulait que j'aie une belle relation avec mon fils.

Lorsque j'avais emménagé dans mon propre appartement, j'étais meurtri et amer. J'avais promis d'essayer de passer davantage de temps à la maison. J'avais même renoncé à participer à un tournoi de golf et décliné l'invitation à dîner d'un client. Mais Annisha avait dit que ce n'étaient que des faux-fuyants, que je ne voulais pas vraiment trouver une solution. Chaque fois que je pensais à ses propos, je serrais les dents. Annisha était-elle donc incapable de comprendre à quel point mon travail était accaparant ? Ne pouvait-elle pas voir combien il était important pour moi de continuer à aller de l'avant ? Si je n'avais pas travaillé autant, nous n'aurions pas cette grande maison ni ces voitures et ces superbes télés à écran géant. Bon, d'accord, je l'admets, Annisha se souciait des téléviseurs comme de l'an quarante. Mais quand même.

Je me suis alors fait une promesse : *je serais un père « séparé » formidable*. Je déborderais d'attention pour Adam. J'assisterais à tous les événements organisés par son école. Je serais toujours disponible pour le conduire à la piscine ou à ses cours de karaté. Je lui lirais des histoires. Lorsqu'il téléphonerait le soir, j'aurais tout le temps du monde pour bavarder avec lui. Je l'écouterais m'exposer ses problèmes et lui offrirais des conseils. Nous ferions des blagues ensemble. Je l'aiderais à faire ses devoirs et j'apprendrais même à jouer à quelques-uns des jeux vidéo barbants qu'il affectionne. J'aurais une relation merveilleuse avec mon fils, même si je ne pouvais en avoir une avec ma femme. Et je prouverais à Annisha que je ne faisais pas que recourir à des faux-fuyants pour éviter d'agir.

Je crois m'en être plutôt bien tiré pendant les premières semaines de notre séparation. D'une certaine manière, cela n'a pas été trop difficile. Mais j'ai été étonné de constater à quel point ils me manquaient tous les deux. Le matin, au réveil, je me surprenais à tendre l'oreille, même si je savais que je n'entendrais pas la petite voix de mon fils. Le soir, je faisais les cent pas en pensant : *c'est à cette heure-ci que je lui lirais une histoire. C'est à cette heure-ci que je le borderais. Et c'est à cette heure-ci que je me glisserais entre les draps auprès d'Annisha et que je la prendrais dans mes bras*. Les week-ends n'arrivaient jamais assez vite pour moi.

Mais les mois ont passé et ces pensées ont commencé à s'estomper. Ou, pour dire la vérité, elles ont été étouffées par tout le reste. J'apportais du travail à la maison chaque soir ou je m'attardais au bureau. Quand Adam m'appelait, je continuais à taper sur mon clavier et je n'entendais qu'une phrase de temps en temps. Il se passait des semaines entières sans que je me demande ce qu'il faisait de ses journées.

Lors de la semaine de relâche scolaire, je me suis rendu compte que je n'avais pas prévu de congé afin de passer du temps avec lui. Et puis, j'ai invité un client à dîner le soir d'un concert donné à l'école d'Adam. J'ai également oublié son nettoyage bisannuel chez le dentiste, même si Annisha m'en avait parlé la semaine précédente. Et j'ai commencé à arriver en retard le vendredi. Ce week-end n'avait été qu'un autre épisode de « temps de qualité » qui était tout sauf cela.

J'ai fait un signe à Danny, le gardien de sécurité, en m'engageant sur le terrain de stationnement du bureau. Après ma course folle pour y arriver, j'ai soudain eu envie d'être ailleurs. J'ai garé ma voiture à l'endroit habituel, mais je n'ai pas éteint le moteur tout de suite.

Je dois dire pour ma propre défense que mon obsession pour le travail était tout à fait naturelle. L'entreprise traversait une période de crise. Des rumeurs circulaient depuis des mois sur sa vente qui ne saurait tarder. J'avais passé les 12 dernières semaines à pondre des rapports : ventes, inventaires, dotation, et état des revenus et des dépenses. Lorsque je fermais les yeux le soir, je ne voyais dans ma tête que les lignes surchargées du quadrillage de mon tableur électronique. Et c'est ce qui m'attendait dans cet édifice, mais je ne pouvais remettre cela à plus tard plus longtemps. J'ai éteint le moteur, j'ai pris l'étui contenant mon ordinateur et je suis entré.

J'ai salué Devin, notre réceptionniste. Il avait la tête studieusement penchée sur son écran d'ordinateur, mais je savais qu'il jouait au solitaire. Alors que je prenais vers la droite, j'ai vu que Devin avait un petit sourire en coin, mais peut-être était-ce seulement le fruit de mon imagination. Mon bureau se trouve vers la gauche, mais je n'empruntais plus le chemin le plus court. De toute évidence, Devin croyait que c'était parce que le bureau de Tessa est à droite de la réception. Mais ce n'était là qu'un petit plus. Si je prenais par la droite, c'était pour éviter de passer devant le bureau de Juan.

Zut ! Je ne sais pas pourquoi je me faisais du souci à ce sujet après tout ce temps. Son bureau était maintenant inoccupé. Les stores étaient levés, sa table de travail dégagée, et sa chaise vide. Il n'y avait pas de photos de sa femme et de ses enfants sur le classeur, pas de tasse à café sur le bahut, pas plus de tableaux sur les murs. Mais c'était comme si l'ombre de tout cela planait encore dans la pièce.

J'ai ralenti la cadence en approchant du bureau de Tessa. Elle et moi travaillions ensemble depuis des années.

Nous avions toujours eu une bonne entente, car nous avons le même sens de l'humour. Je n'étais pas certain de ce qui arriverait avec Annisha, mais je devais admettre que je pensais souvent à Tessa depuis notre séparation.

J'ai entrevu ses cheveux bruns, mais elle était au téléphone. J'ai donc poursuivi mon chemin.

Mais j'avais à peine franchi le seuil de mon bureau que j'ai commencé à tourner en rond. Je me suis demandé si je ne ferais pas mieux de vérifier le nouveau prototype avant de m'attaquer à des tâches urgentes. Je savais que l'équipe de concepteurs m'informerait de tout développement, mais la perspective de me distraire pendant quelques minutes dans le labo était tentante.

C'est au laboratoire que j'avais fait mes débuts. Cela avait été l'un de mes premiers boulots dans la section du développement de cette entreprise : un fabricant de pièces d'automobiles. C'était l'emploi de mes rêves. Juan, le directeur technique, m'avait pris sous son aile. Juan était mon mentor.

Cependant, même si l'on adore son travail, on ne peut pas stagner au même endroit. C'est ce qui brise une carrière. Personne n'avait besoin de me le dire. J'étais comme un chien qui remue la queue si fort que j'aurais pu me démettre le dos. La haute direction l'a remarqué. Et lorsqu'une occasion de gravir un échelon dans l'organisation m'a été offerte, Juan m'a mandé dans son bureau.

« Tu sais, m'a-t-il dit, que si tu acceptes ce poste, tu quitteras pour de bon la section de la recherche et du développement. Tu feras de la vente et de la gestion. C'est bien ce que tu veux ?

– Je veux cette promotion, ai-je dit en riant. Je n'attendrai certainement pas que tu prennes ta retraite. »

Juan a esquissé un faible sourire et n'a rien ajouté.

Après cette première étape, j'ai gravi les échelons organisationnels assez rapidement. Je supervisais maintenant tous les projets de l'entreprise et la production des produits destinés à nos plus gros clients.

J'ai pris ma tasse de café avec l'intention de descendre au labo. Et puis, je me suis immobilisé. Il n'était absolument pas nécessaire que j'y aille. J'ai posé ma tasse et je me suis affalé sur ma chaise. J'ai mis mon ordinateur en marche, ouvert un dossier et contemplé le dédale de chiffres qui remplissaient l'écran.

Quelques heures plus tard, alors que je venais de terminer un autre état des résultats et que j'étais sur le point de me consacrer à ma boîte de courrier pleine à craquer, le téléphone a sonné. Il m'a fallu quelques secondes pour reconnaître la voix de ma mère. Elle semblait bouleversée. *Seigneur*, ai-je pensé. *Quoi encore ?* Ma mère s'intéressait beaucoup à ma vie ces derniers mois. Cela commençait à m'agacer.

« Désolée de te déranger au travail, Jonathan, mais c'est important, a-t-elle dit. Je viens tout juste de parler avec cousin Julian et il veut te voir immédiatement. C'est urgent. »

Moi ? ai-je pensé. *Pourquoi diable veut-il me voir ?*

En fait, je ne connaissais pas vraiment Julian. Il n'était pas mon cousin, mais celui de ma mère. Elle avait été très proche de lui et de sa sœur Catherine lorsqu'ils étaient petits, mais j'avais grandi à l'autre bout du pays. Des parents qui vivaient aussi loin étaient pour moi aussi intéressants que le journal de la semaine précédente.

Je n'avais vu Julian qu'une fois, et j'avais environ 10 ans. Nous rendions visite à cousine Catherine et elle avait organisé un dîner chez elle. Je ne me rappelle pas si la femme de Julian était avec lui ou s'ils avaient déjà divorcé. À vrai dire, je ne me rappelle absolument rien de cette visite, sauf une chose : la Ferrari rouge vif de Julian. J'avais entendu Catherine en parler et j'attendais donc dans la véranda lorsqu'il s'est engagé dans l'allée. La voiture était encore plus fabuleuse que ce que j'avais imaginé.

Julian a vu mon expression (mon menton devait frôler le dessus de mes chaussures) et il m'a invité à faire un tour. Je n'étais encore jamais monté dans une voiture qui roulait aussi vite. C'était comme si, à tous moments, les roues allaient quitter la chaussée et que nous allions nous envoler. Je ne crois pas avoir dit un seul mot de toute la balade. Lorsque nous sommes revenus à la maison, Julian est descendu, mais je n'ai pas bougé.

« Tu veux rester un moment dans la voiture ? » a-t-il demandé.

J'ai fait oui de la tête. Il a pivoté sur ses talons, mais avant qu'il s'éloigne, j'ai dit :

« Cousin Julian ?

– Oui ? a-t-il dit.

– Comment avez-vous eu cette voiture ? ai-je demandé. Je veux dire... Est-ce qu'elle coûte très cher ?

– Oh oui, très cher, a-t-il répondu. Et si tu en veux une toi aussi, Jonathan, il va falloir que tu travailles très dur, vraiment dur, lorsque tu seras grand. »

Je n'ai jamais oublié ça.

Si je me souviens bien, Julian ne s'était pas attardé longtemps après le repas. Maman et cousine Catherine avaient semblé déçues, peut-être même un peu fâchées. Et même si je n'avais que 10 ans, je n'avais pas eu de difficulté à imaginer que Julian connaissait d'autres endroits beaucoup plus excitants. Il vivait manifestement le genre de vie que je voulais moi-même connaître plus tard. J'ai regardé avec envie l'extraordinaire voiture sport descendre la rue.

Après des années sans avoir même prononcé son nom, ma mère a commencé à parler de lui à chacune de nos rencontres. Récemment, elle m'avait dit que la Ferrari était disparue depuis longtemps. Cousin Julian avait, apparemment, fait une expérience qui avait changé sa vie. Il avait quitté un emploi extrêmement lucratif comme avocat plaidant, vendu sa Ferrari et adopté un mode de vie « simple ». Maman m'a dit qu'il avait étudié avec des moines qui vivent reclus dans l'Himalaya et qu'il portait souvent une robe cramoisie. Elle m'a dit qu'il était maintenant un homme complètement différent. Je ne comprenais pas tout à fait pourquoi elle semblait penser que c'était une si bonne chose.

Et elle avait tenté de nous organiser une rencontre. Elle m'avait suggéré de trouver le temps de lui rendre visite la prochaine fois que j'irais pour affaires dans la ville où il habitait. Mais si je n'avais pas assez de temps à consacrer à Annisha ou à Adam, pourquoi prendrais-je une journée de congé pour aller voir un homme que je connaissais à peine ? Par contre, s'il avait encore été extraordinairement prospère, avec un style de vie prestigieux et une voiture sport tape-à-l'œil, cela m'aurait peut-être intéressé. Alors, pourquoi perdrais-je mon temps avec un vieil homme sans emploi qui n'avait plus de Ferrari ? Il y avait beaucoup de gars comme lui qui végétaient au bar que je fréquentais.

« Maman, ai-je dit, de quoi parles-tu ? Pourquoi Julian veut-il me voir ? »

Elle n'en savait pas plus. Elle m'a dit que Julian voulait me parler, qu'il avait besoin de mon aide.

« C'est dingue, maman. Cela fait des années que je ne l'ai pas vu. Je ne le connais pas. Il y a certainement quelqu'un d'autre qui peut l'aider. »

Elle est restée silencieuse, mais j'ai cru l'entendre pleurer doucement. Les quelques années qui s'étaient écoulées depuis la mort de mon père avaient été difficiles pour elle. « Maman, est-ce que ça va ? »

Elle a reniflé un peu et puis a commencé à parler d'un ton glacial que je ne lui connaissais pas.

« Jonathan, si tu m'aimes, tu le feras. Tu feras tout ce que Julian te demandera.

– Mais qu'est-ce… ? »

Elle ne m'a pas laissé le temps de terminer ma question.

« Tu trouveras un billet d'avion en rentrant chez toi ce soir. » Elle a tenté de dire autre chose, mais sa voix s'est brisée. « Jonathan, il faut que je te laisse. » Et puis elle a raccroché.

J'ai eu de la difficulté à me concentrer pendant le reste de l'après-midi. Cela ressemblait tellement peu à ma mère de faire ce genre d'appel. Sa détermination et son désespoir m'énervaient. De plus, tout cela était très mystérieux. Que diable pouvait bien me vouloir Julian ? Je me suis interrogé sur son nouveau mode de vie. Avait-il complètement perdu les pédales ?

Allais-je rencontrer un vieil imbécile qui déblatérait contre les conspirations du gouvernement ? Un type aux cheveux en bataille qui se promenait dans la rue en traînant les pieds, en peignoir et pantoufles ? (Je savais que ce n'était pas ce qu'entendait ma mère par « robe cramoisie », mais je ne pouvais m'enlever cette image de la tête.) J'étais tellement préoccupé que je suis passé devant le bureau de Juan à la fin de ma journée de travail. Ce n'est qu'en pénétrant dans le hall que je m'en suis rendu compte. Cela m'a paru de mauvais augure.

En arrivant à mon immeuble, j'ai presque oublié de vérifier le contenu de ma boîte aux lettres. Je n'arrivais pas à m'habituer à utiliser une clé pour récupérer du courrier-poubelle. Je me suis battu avec la clé tordue pendant quelques minutes, et puis la petite porte de métal s'est ouverte, crachant sur le sol des menus de pizzérias et des offres de compagnies d'assurance. Pendant que je ramassais le tout, j'ai découvert une enveloppe épaisse envoyée par ma mère. En poussant un soupir, je l'ai glissée dans ma poche et je suis monté à mon appartement.

J'ai ouvert l'enveloppe pendant que mon repas de lasagnes tournait sur le plateau du four à micro-ondes. À l'intérieur se trouvaient une courte note de ma mère, m'expliquant que Julian vivait temporairement en Argentine, et un billet d'avion aller-retour, à destination de Buenos Aires. *Seigneur!* ai-je pensé. *Ils veulent que je me tape un vol de 13 heures uniquement pour rencontrer un cousin éloigné pendant une heure ou deux?* Le week-end! Fantastique. Je devrais le passer dans une boîte à sardines volante et décevoir mon fils. C'était cela ou contrarier ma mère, déjà déçue.

J'ai mangé mes lasagnes tièdes, assis devant la télé, espérant qu'une grande quantité de scotch masquerait le goût infect de mon repas et me ferait oublier mon humeur maussade.

J'ai attendu qu'Adam soit au lit avant d'appeler Annisha. C'est une maniaque de la routine et je savais donc à quoi m'attendre. Lorsqu'elle a répondu, elle m'a semblé fatiguée, mais pas fâchée. Je me suis préparé à ce qu'elle change d'attitude lorsque je lui parlerais de mes plans pour le week-end. Mais Annisha était déjà au courant.

« J'ai parlé à ta mère, Jonathan, m'a-t-elle dit. Tu dois y aller. Adam comprendra. »

Voilà, c'était réglé.

Chapitre deux

Le taxi avait quitté l'autoroute pour s'engager sur un boulevard extraordinairement large. Il ressemblait à une grande artère typique : bordé d'arbres de chaque côté, avec un îlot de verdure séparant la circulation dans les deux sens, sauf qu'il avait au moins 10 voies. Je n'étais encore jamais venu en Amérique du Sud et j'ai été surpris de constater à quel point Buenos Aires ressemblait à une ville européenne. Un gigantesque obélisque qui rappelait celui de Washington scindait le paysage devant moi, mais les édifices et les rues me rappelaient un peu Paris.

Julian m'avait réservé une place sur un vol de nuit. J'avais dormi pendant tout le trajet et j'en étais le premier surpris. J'avais ouvert les yeux au moment où l'avion atterrissait. Et maintenant, c'était le matin, mais dans un hémisphère différent de celui où je m'étais endormi.

Les bâtiments de pierre de style Belle Époque, les balcons de fonte noirs et les jardinières suspendues continuaient à défiler pendant que nous roulions. Et puis, nous avons pénétré dans un quartier qui paraissait plus vieux, moins huppé. Il y avait des graffitis sur les murs, le stuc des bâtiments s'effritait, les auvents décolorés étaient poussiéreux. Et même si le temps était frais, quelques fenêtres étaient ouvertes et des rideaux ondulaient sous la brise. Au coin d'une rue, des musiciens étaient rassemblés et jouaient pour un petit groupe de badauds.

Le taxi a ralenti et s'est rangé en face d'une devanture. L'enseigne peinte sur la vitre annonçait des leçons de tango. De la musique s'échappait de la porte entrebâillée. J'ai vérifié l'adresse que Julian m'avait donnée. C'était de toute évidence celle de ce studio de danse. J'ai montré le bout de papier au chauffeur pour m'assurer que nous étions bien dans la bonne partie de la ville et qu'il n'y avait pas eu de malentendu. Il a hoché la tête, puis a haussé les épaules. J'ai payé la course et je suis descendu de voiture.

Ouah! ai-je pensé, en jetant un coup d'œil par la porte à moitié ouverte. *Quand maman m'a dit que Julian avait changé de vie, elle ne plaisantait pas.*

La pièce était longue, mais peu profonde. Les murs étaient peints d'un rouge foncé intense et des lustres de verre pendaient du plafond. Des hommes et des femmes, étroitement enlacés, quoique avec une certaine raideur, tournoyaient dans la pièce au rythme de la musique.

Pendant que je les observais, un homme grand et élégant a quitté sa partenaire et s'est faufilé parmi les danseurs virevoltants. Lorsqu'il est parvenu à ma hauteur, j'ai pu voir qu'il souriait.

«Jonathan, a-t-il dit, je suis heureux que tu sois là.» Il m'a tendu la main et je l'ai serrée.

Il m'a fallu une minute pour faire le lien entre l'homme qui se tenait devant moi et l'image que je m'en faisais pendant le trajet. Julian paraissait beaucoup plus jeune qu'au moment de notre rencontre, 20 ans auparavant. Son corps mince et musclé n'avait plus rien du personnage pâle et bouffi que j'avais vu assis derrière le volant de sa Ferrari. Son visage était sans rides et détendu. Ses yeux bleus brillaient et semblaient me transpercer.

«Je te prie de m'excuser», a dit Julian en désignant la pièce de sa main. «Je n'étais pas certain de l'heure de ton arrivée et j'ai pensé que je pouvais suivre mon cours du samedi. Mais maintenant que tu es là, allons à l'étage.»

Julian m'a conduit jusqu'à une porte que je n'avais pas vue en entrant. En l'ouvrant, il m'a fait signe de monter. Lorsque je suis arrivé en haut de l'escalier, il est passé devant moi et a ouvert une autre porte. «Entre, entre», a-t-il dit en pénétrant dans la pièce.

L'appartement était clair et spacieux, mais pas du tout comme j'avais imaginé le lieu de résidence de Julian. L'ameublement était un assortiment bizarre de vieux et de neuf. Des affiches de musiciens et de danseurs de tango ornaient les murs, et des livres étaient empilés sur le plancher. Cela ressemblait un peu à un appartement d'étudiant.

«Je suis désolé de t'avoir fait voyager si loin dans un délai aussi court, mais cela fait quelques mois que j'habite dans cette superbe ville. Un ami cherchait à sous-louer son appartement et comme j'ai toujours voulu apprendre à danser le tango, j'ai pensé que l'occasion était parfaite. Laisse-moi me changer et puis je ferai du café. »

Julian est disparu au bout d'un couloir long et étroit. Je me suis laissé tomber sur une chaise recouverte d'un jeté de coton portant les mots « Soyez extraordinaire » brodés au milieu. Je pouvais entendre la musique de tango qui flottait dans l'escalier et j'en sentais les vibrations sous mes pieds.

Pendant que j'attendais Julian, mon esprit est parti à la dérive. *Qu'est-ce que je fais ici ? Qu'est-ce que je connais de cet homme ?* J'ai senti un grand malaise m'envahir. Étrangement, je savais que dès que Julian reviendrait dans cette pièce, ma vie ne serait plus jamais la même. Je sentais que ce qui m'attendait serait difficile et épuisant. *Je ne suis pas obligé de faire ça*, ai-je pensé. J'ai regardé pardessus mon épaule en direction de la porte, me demandant combien de temps il me faudrait pour trouver un autre taxi. C'est à ce moment-là que Julian est revenu.

Il portait maintenant une longue robe cramoisie dont le capuchon était rabattu sur sa tête.

« Thé ou café ? » a-t-il demandé en se dirigeant vers une petite cuisine située à l'autre bout de l'appartement.

« Du café, s'il vous plaît », ai-je répondu.

Assis seul dans la salle de séjour, je me suis senti mal à l'aise. Je me suis levé et j'ai suivi Julian dans la cuisine. Pendant qu'il préparait la cafetière, j'ai regardé par la fenêtre la rue étroite et pavée. La musique syncopée avait fait place à des conversations et à des rires.

Finalement, je me suis tourné vers Julian. « Qu'est-ce... », ai-je dit en hésitant, tentant de ne pas être grossier. « Qu'est-ce que vous voulez de moi ? Pourquoi souhaitiez-vous me voir ?

– Jonathan », a dit Julian en s'appuyant sur le comptoir. « Connais-tu mon histoire ? »

J'ignorais où il voulait en venir. Je lui ai dit que je savais qu'il avait été un avocat plaidant prospère et qu'il avait eu un style de vie somptueux. Que j'avais entendu dire qu'il y avait eu un revirement dans sa vie et qu'il avait abandonné la pratique du droit. Que je ne connaissais pas tous les détails.

« C'est vrai. À un moment donné, j'ai été plus prospère que je n'aurais pu le rêver – du moins en ce qui a trait à la gloire et à la fortune. Mais je détruisais ma vie. Lorsque je ne m'épuisais pas au travail, je fumais des cigares et je buvais du cognac hors de prix, je m'éclatais avec de jeunes mannequins et des amis. Mon mode de vie a ruiné mon mariage, et ma carrière a commencé à en pâtir. Je me trouvais dans un cercle vicieux et je ne savais pas comment m'en sortir. Et puis un jour, au beau milieu d'une importante plaidoirie, je me suis écroulé sur le sol de la salle d'audience. Une crise cardiaque. »

Cela me disait quelque chose. Ma mère m'en avait probablement déjà parlé, mais je n'avais manifestement pas fait très attention.

Julian a retiré son capuchon et a pris deux tasses sur une tablette au-dessus de l'évier.

« Il m'a fallu des mois pour recouvrer la santé. Et c'est pendant ma convalescence que j'ai pris une décision. »

J'ai soupiré. C'était donc à ce moment-là qu'il s'était défait de sa magnifique Ferrari.

« J'ai vendu ma maison, ma voiture et tous mes biens. Et je suis parti en Inde, espérant y apprendre la sagesse du monde. Tu vois, accumuler une fortune personnelle était devenu pour moi moins intéressant que la découverte de ma valeur personnelle. Et la chasse aux jolies femmes s'est transformée en une quête du bonheur durable. »

J'ai réprimé un soupir. Tout cela m'apparaissait comme le début d'une longue histoire. J'étais impatient de voir en quoi elle me concernait.

« Pendant mon séjour au fin fond de l'Himalaya, j'ai eu la chance de rencontrer un homme extraordinaire. C'était un moine, l'un des Sages de Sivana. Il m'a emmené très haut dans la montagne, dans le village où vivent, étudient et travaillent les sages. Ils m'ont enseigné de nombreuses leçons remarquables que j'aimerais beaucoup partager avec toi. »

Julian s'est tu et a baissé les yeux. Je me suis rendu compte avec embarras que je tapais du pied comme un client impatient dans une file d'attente.

Julian a souri. « Mais j'ai le sentiment que le moment est mal choisi.

– Désolé, ai-je dit. Je suppose que je suis un peu pressé de rentrer chez moi.

– Ne t'en fais pas, a dit Julian avec douceur. Une histoire ne devrait être racontée que lorsque notre interlocuteur a une oreille attentive.

« Tu veux savoir pourquoi je t'ai demandé de venir ici aujourd'hui ? » a dit Julian. J'ai acquiescé.

Le café était prêt. Julian en a versé deux tasses. « Du lait ? Du sucre ? » J'ai secoué la tête. Julian m'a tendu une tasse et s'est dirigé vers la salle de séjour. Une fois assis, il a repris son récit.

« L'une des choses que les moines m'ont apprises est le pouvoir des talismans.

– Des talismans ? ai-je répété.

– Des statuettes, des amulettes. Il y en a huit. Chaque talisman renferme une partie de la sagesse essentielle au bonheur et à une vie magnifique. Individuellement, ces talismans ne sont que symboliques, mais réunis, ils sont dotés d'extraordinaires pouvoirs transformateurs. Ils peuvent, en effet, sauver une vie.

– Il vous faut sauver une vie ? » ai-je demandé. Cela me semblait un peu mélodramatique. Ou un peu fou.

– Oui. Je connais quelqu'un qui se trouve dans une situation désespérée. D'autres ont tenté de l'aider, mais en vain. Ceci est notre dernier recours.

– Cela a-t-il quelque chose à voir avec ma mère ? » ai-je demandé. Elle m'avait paru très bouleversée au téléphone.

– Oui, a répondu Julian. Mais je n'ai pas le droit de t'expliquer en quoi cela la regarde.

– Écoutez, si ma mère est malade ou a un autre problème, j'ai le droit de le savoir. » J'ai senti ma poitrine se serrer, mon souffle devenir court.

– Ta mère n'est pas en danger. C'est tout ce que je peux te dire. »

J'étais sur le point d'insister, de poser d'autres questions, mais Julian avait serré les lèvres et posé sa tasse de café devant lui sur la table. On aurait dit qu'il était prêt à mettre fin à la conversation. J'ai poussé un soupir et j'ai contemplé le plancher pendant une minute.

« D'accord, ai-je dit. Mais qu'est-ce que je viens faire là-dedans ? Pourquoi avez-vous besoin de moi ? »

Julian avait quitté sa chaise et était maintenant posté devant la fenêtre. Il regardait en direction de la rue, en bas, mais ses yeux semblaient fixer un point beaucoup plus lointain.

« Lorsque je suis parti du village, a dit Julian, les moines m'ont donné une pochette de cuir renfermant les talismans et m'ont demandé d'en être le nouveau gardien. Mais après avoir quitté l'Himalaya, j'ai beaucoup voyagé. Un soir, un incendie s'est déclaré dans le petit hôtel où je logeais. J'étais sorti à ce moment-là, mais ma chambre a été détruite. J'avais les talismans sur moi et, donc, je n'ai perdu qu'une paire de sandales.

« Dans un autre hôtel, j'ai entendu un client raconter comment il s'était fait agresser dans une petite rue de Rome. Il m'est apparu que les talismans avaient été en sécurité lorsqu'ils étaient gardés par les moines. J'étais le seul visiteur à m'être aventuré dans cet endroit reculé depuis fort longtemps. Mais maintenant que j'avais ces trésors en ma possession, ils couraient un risque. À tout instant, ils pouvaient être volés, perdus ou détruits. »

Julian a poursuivi en m'expliquant qu'il avait décidé qu'il serait plus sage de confier chaque talisman à une personne de confiance qui le lui rendrait sur demande. À chaque objet, il avait joint une lettre décrivant ce que, d'après lui, le talisman signifiait. Maintenant, il avait besoin de ces talismans. Et il avait besoin de moi pour les récupérer.

« Quoi ? ai-je bredouillé. Je veux dire : FedEx n'est-il pas là pour ça ? »

Julian a souri.

« Je ne crois pas que tu comprennes l'importance de ces talismans. Je ne peux pas les confier à un service de messagerie ou à la poste. Ils sont éparpillés partout dans le monde et j'ai besoin d'une personne que je connais pour aller les chercher en personne.

– Et vous ne pouvez pas le faire vous-même ? » ai-je demandé. Je savais que je me montrais quelque peu impoli, mais l'image de Julian en train de danser le tango me hantait encore.

Julian a ri. « Je sais que je n'ai pas l'air d'être très occupé », a-t-il dit en reprenant son sérieux. « Mais il n'est vraiment pas possible que je le fasse. »

Je suis demeuré silencieux pendant quelques secondes. Comment faire pour lui expliquer ?

« Cousin Julian, ai-je répliqué, ne le prenez pas mal, mais vous avez dit que vous aviez besoin de quelqu'un que vous connaissez pour récupérer ces objets, mais vous ne me connaissez pas *vraiment*. Nous ne nous sommes vus qu'une fois, quand j'avais 10 ans.

– Je te connais mieux que tu ne le crois », a dit Julian. Son sourire avenant avait disparu. Son regard était sombre et son visage soudain grave était déconcertant.

« Écoute-moi, Jonathan », a-t-il dit d'une voix douce. « Je ne peux pas te dire comment je suis sûr de cela, mais c'est un fait. La *seule* personne qui peut rassembler ces talismans, c'est *toi*. »

Il a marqué une pause et puis a ajouté : « Je sais que mes réponses ne sont pas très satisfaisantes. Mais crois-moi, Jonathan, car c'est une question de vie ou de mort. »

Nous avons gardé le silence pendant un long moment. Je pensais à ma mère qui avait pleuré au téléphone. Au vide que laissait l'absence d'Annisha de son côté du lit. Au regard d'Adam lorsque je le décevais. Ce n'est pas très souvent qu'on est « le seul » – le seul fils, le seul mari, le seul père.

Finalement, j'ai rompu le silence.

« Combien de temps cela prendra-t-il ?

– J'ai écrit à tous les gardiens, a dit Julian. Tous ne m'ont pas encore répondu. Mais je sais par où tu devrais commencer – un ami à moi à Istanbul. En tout, eh bien, rassembler les talismans devrait te prendre quelques semaines. Peut-être un mois. »

Seigneur ! C'était la durée de mes vacances et même un peu plus. J'ai pris une profonde inspiration. Julian m'a regardé et a incliné la tête.

« Jonathan ? » a-t-il dit.

Je l'ai regardé. Il y avait une telle gentillesse dans ses yeux. Pendant un instant, il m'a fait penser à mon père et j'ai réalisé à quel point ce dernier me manquait. J'ai également compris que je venais de prendre une décision. Les mots sont restés prisonniers dans ma gorge et je me suis donc contenté de hocher la tête.

Julian a souri. Et puis il s'est levé et a laissé glisser ses mains le long de sa robe cramoisie.

« Maintenant que nous avons conclu un marché, a-t-il dit, je crois que je devrais te préparer quelque chose à manger. Ensuite, nous pourrions peut-être explorer le quartier. Il porte le nom de San Telmo. Et c'est devenu l'un de mes endroits préférés de la planète. »

J'AI PASSÉ UN APRÈS-MIDI AGRÉABLE, sinon étrange, avec lui. Il m'a emmené dans un salon de danse à quelques rues de chez lui. Des danseurs de tango chevronnés y donnaient un spectacle. Alors que la musique résonnait dans mon corps comme de secondes pulsations cardiaques, j'ai remarqué que Julian tapait du pied, que ses jambes bougeaient légèrement comme s'il imaginait faire les mouvements des danseurs. Plus tard, nous avons flâné dans des ruelles tortueuses jusqu'à ce qu'il soit temps pour moi de prendre un vol de nuit afin de rentrer à la maison. Alors que nous étions debout sur le trottoir devant l'appartement de Julian, de la musique s'échappant du studio, il s'est tourné vers moi.

« Une dernière chose, Jonathan », a-t-il dit. D'une poche de sa robe, il a tiré un calepin relié en cuir.

« J'aimerais que tu tiennes un journal pendant ton voyage.

– Un agenda ? ai-je demandé. Pourquoi ?

– Pas un agenda. Un journal. Les talismans confèrent un pouvoir à ceux qui les possèdent. Mais leurs gardiens leur donnent également du pouvoir en retour. Il est important pour moi de connaître les pensées et les sentiments qui t'habiteront pendant ce voyage – et aussi le sens que prendront pour toi ces talismans, une fois que tu te trouveras en leur présence. »

Mes épaules se sont affaissées. Je ne savais pas ce qui était le pire : donner quelques semaines de ma vie pour parcourir le monde afin de récupérer le bien d'un autre, ou avoir à décrire ce voyage par écrit. L'autoréflexion n'avait jamais été mon fort.

« Je crois qu'une fois seul, en possession de ces extraordinaires talismans, la consignation par écrit de ce que tu ressens du fond du cœur ne sera pas aussi pénible que ça en a l'air », a dit Julian.

J'étais sur le point de dire *bien sûr, ce sera facile*, mais je me suis retenu. Quelle importance cela avait-il ? Si j'allais m'embarquer dans cette folle aventure, aussi bien m'incliner devant les volontés de Julian.

Un taxi s'est arrêté devant nous. J'y montais, lorsque ma résolution s'est trouvée ébranlée par la peur. Cela faisait très longtemps que je n'avais rien entrepris de nouveau, que je ne m'étais pas lancé dans une aventure. J'ai refermé la portière et j'ai regardé Julian pendant que la voiture s'éloignait du trottoir. Il a levé la main pour me saluer et puis il a lancé un dernier conseil :

« Jonathan, réjouis-toi. Ce n'est pas tous les jours qu'on peut sauver une vie. »

IL M'A FALLU TOUTE MON ÉNERGIE pour monter dans ma voiture le lundi matin et me rendre au bureau. J'aurais bientôt trois semaines de vacances et il faudrait que je remplisse immédiatement ma mission. Mais si le voyage durait plus longtemps, je serais dans le pétrin. Je ne pourrais alors que demander un congé sans solde. En cas de refus, je pourrais bien me retrouver sans emploi.

Mais honnêtement, me suis-je dit pendant que j'extirpais ma carcasse réticente de la voiture et que je me forçais à entrer dans l'édifice, *une décision stupide avait-elle de l'importance ?* Après tout, dans le passé, j'avais toujours pris des décisions qui m'avaient paru excellentes. Et où cela m'avait-il mené ? Mon emploi était devenu une source constante de stress et de frustration. Ma merveilleuse femme m'avait quitté. J'allais engloutir une large part de mes économies, produit d'un dur labeur, dans ce divorce. Et même la joie que me procurait la présence d'Adam était rongée par la culpabilité, car je ne le voyais que les week-ends – et encore, je n'étais pas un père à la hauteur ! Est-ce qu'une idée aussi folle que ce voyage pourrait me causer une souffrance plus grande que celles que m'avaient apportées toutes les décisions sensées que j'avais prises ?

J'ai passé une heure à faire pivoter ma chaise, me complaisant dans la déception et le pessimisme. Lorsque je suis entré dans le bureau de mon patron, j'avais déjà accepté ma situation fâcheuse avec fatalisme. De fait, j'avais presque oublié à quel point cette discussion serait difficile.

Toutefois, j'ai vite retrouvé la mémoire dès que les premières phrases sont sorties de ma bouche.

Je me suis assis sur l'une des chaises stratégiquement basses situées vis-à-vis du gigantesque bureau de David. À peine avait-il levé les yeux de son écran d'ordinateur à mon arrivée. Mais une fois que je lui eus expliqué mon besoin d'utiliser mes jours alloués aux vacances, et peut-être quelques-uns de plus, afin de m'occuper d'une urgence familiale, il a redressé la tête. Il était carrément stupéfait. Pendant que je me lançais dans une explication à propos de mes jours de congé accumulés, il a levé la main.

« Entendons-nous bien. Tu veux 21 jours de vacances d'affilée, sans préavis ? »

Je n'ai pas pu m'empêcher de dire : « Eh bien, en théorie, le samedi et le dimanche s'appellent un week-end. Alors non, je ne demande pas 21 jours d'affilée.

– Jonathan, tu sais très bien que personne n'est autorisé à prendre plus de deux semaines de vacances d'affilée », a-t-il rétorqué.

La conversation s'est envenimée lorsque j'ai ajouté que je ne savais pas exactement quand je reviendrais.

« De tous les employés de cette entreprise, a dit David, tu es bien le dernier individu que j'aurais cru capable de me jouer ce tour pendable.

– Je sais, ai-je dit. (*Il avait raison.*)

– Tu sais, Jonathan, qu'on te considère ici comme une étoile montante. Et avant aujourd'hui, si l'on m'avait demandé de nommer une personne qui allait récolter un pont d'or à l'issue de cette vente, fusion ou peu importe, c'est ton nom que j'aurais prononcé. Mais si tu pars de cette manière, en ce moment… »

Il s'est tourné et a regardé vers la fenêtre. Il faisait tournoyer un stylo entre ses doigts, les sourcils froncés. Je n'avais pas besoin d'entendre tout ça.

« Écoute, ai-je dit. J'ai parlé à Nawang ce week-end. Elle a accepté de superviser mes projets en mon absence. Elle est compétente. Et elle pourra toujours me joindre sur mon portable en cas d'urgence. Alors, est-ce que je peux prendre ces vacances, ou dois-je démissionner ?

– Tu peux partir », a répondu David avec brusquerie. « Mais je vais te dire une chose. Si nous pouvons nous passer de toi pendant un mois, nous pourrons sans aucun doute le faire pour toujours. »

Je me suis levé et me suis dirigé vers la porte. Mais avant d'en franchir le seuil, je me suis arrêté et me suis retourné.

« David, aurais-tu dit la même chose si je l'avais demandé parce que j'éprouve des difficultés avec ma femme et mon fils ? »

David fixait toujours la fenêtre, le visage impassible.

Le retour au bureau me parut interminable. C'était effrayant de penser que David pourrait bien refuser de m'aider si mon fils était malade ou avait besoin d'aide. Mais pourquoi me serais-je attendu à autre chose ? Cette entreprise ne se souciait pas des gens. J'en avais eu la preuve avec Juan.

Juan. Il ne s'écoulait pas une journée sans que je pense à mon ancien patron, mon vieil ami. Les mois avaient passé, mais je trouvais de plus en plus difficile de faire abstraction de son absence. Souvent, je me réveillais la nuit et, incapable de me rendormir, je ressassais encore et encore les événements, revivant le rôle que j'avais joué dans ce désastre. Mais rien n'y faisait, je n'arrivais pas à tourner la page. Et m'éloigner pendant quelque temps était probablement la meilleure option.

LES JOURS QUI ONT SUIVI ont été un véritable tourbillon. J'ai fait des pieds et des mains pour régler une foule de choses au bureau. J'ai couru d'un bout à l'autre de la ville – banque, blanchisserie, visites impromptues à mon fils. Même mes bagages m'ont plongé dans la confusion – comment savoir ce qu'il me fallait emporter alors que je ne connaissais pas mes destinations éventuelles ?

Et puis, je me suis retrouvé sur un autre vol de nuit. À destination de la Turquie. Le portable éteint, je n'avais aucun document de travail dans le porte-bagages au-dessus de ma tête. J'avais plusieurs heures de tranquillité devant moi – rien à faire, rien que je puisse faire. J'espérais pouvoir me reposer, mais trop de pensées m'occupaient l'esprit. J'ai pris un bout de papier dans la poche de mon veston. Julian m'avait envoyé une brève note en même temps que les billets d'avion.

« Merci d'avoir accepté de t'éloigner de ta famille et de ton travail le temps de faire ce voyage. Je sais que tu avais d'innombrables raisons de refuser, mais l'un des plus beaux cadeaux qu'on puisse se faire, c'est de ne pas s'excuser. Rudyard Kipling a écrit : « Nous avons quarante millions de raisons pour échouer, mais pas une seule excuse. « Et ce qui est dangereux avec les excuses, c'est que si nous les exprimons trop souvent, nous finissons par y croire.

« Cette mission que je t'ai confiée te fera beaucoup voyager, et j'espère que tu sauras te concentrer sur les occasions que cela t'apportera plutôt que sur les inconvénients que tu pourrais y trouver. Après tout, la vie elle-même est un voyage, et ce qui importe le plus n'est pas ce qu'elle te donne, mais ce qu'elle te fait devenir. »

Il m'avait également envoyé une petite pochette de cuir attachée à un long cordon. J'étais censé la porter autour de mon cou et y mettre les talismans à mesure que je les récupérais. Pour l'instant, la pochette se trouvait dans la poche de mon veston. Distraitement, j'en ai caressé le cuir souple du bout des doigts.

Autour de moi, les autres passagers glissaient lentement au pays des rêves. Les moteurs de l'avion ronronnaient doucement. Le cliquetis du chariot à boissons s'était estompé à l'arrière de l'appareil. J'ai fermé les yeux. J'ai pensé à Annisha et à Adam. Je savais qu'étant si loin, ils me manqueraient d'autant plus. Et puis, j'ai pensé à toutes les autres personnes qui ne faisaient plus partie de ma vie. L'absence de mon père était comme une douleur sourde logée en permanence dans ma poitrine. Mais c'était une douleur plutôt douce, accompagnée de nombreux souvenirs heureux. Et il y avait Juan. J'ai repensé aux paroles de Julian : « Ce n'est pas tous les jours qu'on peut sauver une vie. »

N'était-ce pas la vérité ?

Chapitre trois

Julian ne m'avait pas fourni la liste de mes destinations ni les noms des gardiens des talismans. « Différents lieux », m'avait-il révélé à Buenos Aires. « L'Europe, l'Asie, l'Amérique du Nord. Je n'ai pas pu joindre tout le monde. » J'allais commencer mon périple à Istanbul. J'y rencontrerais son vieil ami, Ahmet Demir.

«Ahmet t'attendra à l'aéroport. Je sais qu'il voudra te montrer un peu sa magnifique ville. Malheureusement, tu n'auras pas beaucoup de temps pour jouer les touristes. Tu devras t'envoler pour Paris dès le lendemain. »

Jouer les touristes ! Cela m'a fait rire. Je ne souhaitais que récupérer les talismans le plus vite possible, et retourner au travail. En descendant de l'avion à l'aéroport d'Atatürk, je me suis mis à pianoter sur mon portable afin de vérifier si Nawang m'avait laissé un message, me demandant ce qui pouvait bien se passer au bureau pendant mon absence. J'avais des messages de gens qui voulaient savoir combien de temps je m'absenterais. Un message de ma mère, plein d'entrain mais plutôt vague. Je lui avais demandé si elle savait qui Julian tentait d'aider avec ces talismans, mais elle disait n'avoir aucune certitude à cet égard. Je ne la croyais pas ; j'avais décelé une pointe d'émotion dans sa voix.

Ces messages m'ont tenu occupé pendant que j'avançais lentement vers le poste de contrôle douanier et la zone de récupération des bagages. Et lorsque je me suis enfin retrouvé à la sortie, mon sac à la main, je me suis demandé pour la première fois comment j'allais reconnaître ce type appelé Ahmet – comment nous allions réussir à nous trouver dans cette foule.

Pendant que je balayais du regard les gens rassemblés dans le hall des arrivées – familles, chauffeurs et autres, j'ai remarqué un homme de haute stature qui tenait une affichette portant mon nom. Il avait les cheveux argentés, une courte barbe grisonnante et un sourire chaleureux. Je lui ai fait un petit signe de la main et me suis dirigé vers lui.

Lorsque j'ai été tout près, il a laissé tomber son carton, a pris ma main tendue et l'a secouée vigoureusement. « *Hoş geldiniz, hoş geldiniz*, a-t-il dit. C'est pour moi un plaisir de rencontrer un membre de la famille de Julian. Je suis honoré. »

J'ai murmuré quelques mots inadéquats en guise de réponse, dépassé par l'enthousiasme d'Ahmet.

« Vous avez tout ? » a demandé Ahmet. « On peut y aller ? » J'ai hoché la tête. Il a ramassé le carton, a doucement posé sa main sur mon coude et m'a guidé vers l'extérieur du terminal.

Nous avons traversé une aire de stationnement bondée et nous nous sommes arrêtés devant une Renault grise rutilante. « Nous y voici », a-t-il annoncé en prenant mon sac et en déverrouillant le coffre. J'ai ouvert la portière du côté passager et mon portable a bipé juste comme je prenais place à bord. « Excusez-moi », ai-je dit à Ahmet. J'ai bouclé ma ceinture et j'ai commencé à lire.

Un message de Nawang. Elle m'écrivait qu'elle venait de recevoir un appel de l'un de nos clients. Ses concessionnaires avaient recueilli un nombre alarmant de plaintes à propos d'une nouvelle composante que nous avions conçue pour leur berline la plus populaire. J'ai ressenti un malaise au creux de l'estomac. Ce genre d'ennui pouvait donner lieu à un rappel, sinon à une réclamation. Il allait falloir que Nawang demande au service du contrôle de qualité d'entreprendre les tests afin de déterminer l'origine du problème.

« Je suis désolé », ai-je dit à Ahmet pendant qu'il sortait du parc de stationnement. « Il faut que j'envoie quelques messages. Il y a une urgence au travail. » Ahmet a hoché la tête avec gentillesse. « Faites ce que vous avez à faire, nous ferons connaissance en temps propice. »

La voiture roulait à vive allure, mais je n'ai rien vu du monde qui nous entourait. J'avais les yeux rivés sur l'écran de mon portable. J'ai eu vaguement conscience de me trouver sur une autoroute très achalandée, au milieu d'une circulation rapide, et puis de traverser un pont au-dessus d'un cours d'eau. Mais lorsque j'ai levé les yeux, nous nous faufilions dans des rues étroites, la voiture nettement engagée dans une pente ascendante.

Ahmet a remarqué qu'il avait de nouveau toute mon attention.

« J'ai pensé qu'après ce long vol, vous aimeriez peut-être faire un brin de toilette avant que nous sortions. Je vous emmène à mon appartement du quartier Beyoğlu. »

Nous roulions lentement maintenant, le long de cafés et de boutiques, d'étroits trottoirs bondés de piétons, d'immeubles bas faits de pierres et de briques gris et jaune. Plus loin, je pouvais voir une haute tour plantée au sommet d'une colline, surmontée d'un toit conique gris-bleu pointant vers le ciel, avec deux rangées de fenêtres juste en dessous. Il y avait des gens qui marchaient sur une passerelle extérieure vis-à-vis des fenêtres les plus élevées.

« C'est la Tour de Galata[1], a dit Ahmet. De là-haut, on a une vue superbe sur la ville. »

Ahmet a ralenti et a garé la voiture dans un minuscule espace le long du trottoir.

« Nous y voici », a-t-il dit en pointant l'immeuble à trois étages juste à côté. Après être débarqué, Ahmet a ouvert une lourde porte de bois et m'a escorté à l'intérieur. Une volée de marches en marbre se dressait devant nous.

« La montée ne vous fait pas peur, j'espère ? » a demandé Ahmet.

« Pas du tout », ai-je répondu.

---

1. Aussi appelée Tour du Christ.

CHAPITRE TROIS

L'APPARTEMENT D'AHMET ÉTAIT magnifiquement meublé. Les planchers étaient couverts d'élégants tapis à motifs, le sofa de brocard était orné de coussins aux couleurs vives. Les murs étaient décorés avec goût de toiles encadrées représentant des oiseaux marins et des navires, la flore et la faune. Mais tout cela m'apparaissait curieusement impersonnel. Julian m'avait dit qu'Ahmet était le capitaine d'un traversier. J'avais imaginé qu'il vivait dans un cadre plus rustique.

« Comme vous l'avez sans doute deviné, je ne passe pas beaucoup de temps ici, a dit Ahmet. J'ai acheté cet appartement il y a plusieurs années, à titre d'investissement. D'ordinaire, je le loue à des étrangers qui travaillent dans des ambassades ou des entreprises ayant pignon sur rue dans cette partie de la ville.

« Mais j'ai perdu ma femme il y a quelques années et, récemment, j'ai vendu notre maison familiale dans le district de Beşiktaş. Je n'habite ici que lorsque je travaille sur le traversier ou que je sers de guide à des touristes dans la vieille ville. Le reste du temps, j'habite dans le village où j'ai grandi, un peu plus en amont du Bosphore.

« Venez », a enchaîné Ahmet en se dirigeant vers les fenêtres. Laissez-moi vous montrer. »

Je ne m'étais pas rendu compte que nous avions grimpé si haut et je n'avais aucune idée de l'endroit où était situé l'appartement d'Ahmet, mais dès que j'ai jeté un œil par les fenêtres de la salle de séjour, j'ai compris qu'il avait fait un excellent investissement. Devant moi s'étendait l'un des plus beaux spectacles qu'il m'ait été donné de voir.

« Là », a dit Ahmet en désignant un cours d'eau tout en bas. « Cette rivière, c'est la Corne d'Or. Et voilà le pont Atatürk et le pont de Galata. Mon petit bateau est amarré dans le bassin là-bas. Et à votre gauche, ce grand plan d'eau est le détroit du Bosphore. Ma ville s'étend encore de l'autre côté de ce détroit. Ici, vous êtes en Europe. Mais une fois de l'autre côté, vous êtes en Asie. »

J'ai contemplé le continent asiatique, et puis de nouveau la ligne d'horizon qui se trouvait directement en face de moi.

« Ah, oui. C'est quelque chose, n'est-ce pas ? a dit Ahmet. La vieille ville. Sultanahmet. Le quartier du Grand Bazar. La Pointe du Sérail. »

Je pouvais voir au loin deux énormes complexes avec leurs coupoles et leurs minarets, ceints de jardins et de murs.

« Hagía Sophia[2] ? » ai-je demandé. C'est tout ce que je connaissais d'Istanbul. La grande basilique au toit en coupole construite par l'empereur Justinien à l'époque où la ville s'appelait Constantinople, siège de l'Empire romain, foyer d'adoption de l'Église chrétienne. Elle était plus tard devenue une mosquée. Des minarets avaient été ajoutés et l'intérieur avait été modifié, mais les mosaïques originales avaient été conservées. J'avais entendu dire qu'elle était encore d'une beauté saisissante.

« À gauche », a dit Ahmet en pointant du doigt, « c'est la Mosquée bleue. Et là, l'Hippodrome, le palais de

---

2. Sainte-Sophie. *(Note de la traductrice)*

Topkapi, la Citerne, les musées. Il y a tant à voir». Ahmet a balayé de la main le vaste paysage qui s'étendait devant nous.

«Mais cet après-midi, je vous emmènerai au Bazar aux épices et au Grand Bazar avant que nous nous rendions au bateau.

– Au bateau?

– Ah, oui», a répondu Ahmet en s'éloignant de la fenêtre. «Je suis désolé. Le talisman n'est pas ici. Il est dans mon village natal, Anadolu Kavaği.»

J'avais complètement oublié l'objet de ma visite.

«Nous pourrions y aller en voiture, mais je n'en vois pas l'intérêt, a poursuivi Ahmet. Le bateau est le meilleur moyen de s'y rendre. C'est mon fils qui l'a ce matin. Il fait faire une petite croisière à des touristes. Nous partirons donc ce soir et reviendrons demain matin.» Ahmet m'a fait signe de le suivre. «Maintenant, je vais vous montrer où vous pouvez faire un brin de toilette. Ensuite, nous prendrons le thé et nous mangerons une bouchée avant d'aller au bazar.»

La première chose qui m'a frappé lorsque je suis entré dans le Bazar aux épices, c'est l'odeur. C'était comme de marcher dans un jardin d'aromates, les parfums changeant à chaque pas et se mélangeant les uns aux autres.

Les étals se succédaient. Il y avait des monticules de dattes et de divers fruits séchés, toutes sortes de noix, de grandes pyramides d'halvas légèrement colorés. Il y avait des barils remplis de nougats et de torrone, et un incroyable assortiment de confiseries turques aussi colorées que des bijoux – des loukoums, m'a expliqué Ahmet.

Les comptoirs étaient couverts de boîtes de thé ouvertes. On offrait partout sur les éventaires des épices moulues – curcuma, cumin, cardamome, paprika, muscade, cannelle.

Ahmet a acheté des dattes, des figues et des abricots séchés avant que nous quittions l'énorme complexe en pierre qui abritait les milliers de boutiques du bazar.

Le Bazar aux épices m'avait titillé les sens, m'avait ébloui avec ses arômes exotiques. Avant d'y entrer, j'avais été complètement absorbé par le décor, ne songeant pas du tout à moi ou à ma vie. Mais une fois à l'intérieur, je n'ai pas cessé de penser aux gens qui me manquaient. Pendant que je marchais dans les vastes et interminables corridors au toit voûté, j'ai vu tant de choses qu'Annisha aurait aimées – des lampes en mosaïque, de délicats foulards de soie, des céramiques aux motifs complexes – et partout une explosion de couleurs.

Une chose en particulier m'avait frappé lorsque j'avais fait la connaissance d'Annisha. Peu importe ce qu'elle portait, il y avait toujours sur elle une touche de couleur vive – des boucles d'oreilles vert clair, un foulard violet, un béret orange. C'était la même chose dans son appartement – on y trouvait un ramassis d'objets éclectiques, un fouillis de formes et de nuances, dans un désordre étonnamment harmonieux. Mais je voyagerais pendant encore quelques semaines, et je ne pouvais donc rien acheter de trop volumineux. De plus, j'étais étourdi par les choix qui s'offraient à moi. J'ai finalement opté pour un collier aux perles de verre pour elle. Et, pour Adam, j'ai choisi une petite veste brodée qui, j'en étais certain, lui plairait beaucoup.

Les vendeurs de tapis ont particulièrement attiré mon attention. Tous, sans exception, m'ont interpellé. Et chaque fois, je me suis attardé pour admirer leur magnifique marchandise.

Ahmet l'a remarqué. «Ah, oui! a-t-il dit. Il faudra que vous reveniez un jour, lorsque vous aurez davantage de temps, lorsque vous pourrez véritablement chercher et marchander. Choisir un bon tapis n'est pas facile – il faut se familiariser avec l'art du tissage et du nouage, la fibre et les teintures. Et il faut aussi apprendre à déterminer leur valeur – et à marchander. J'adorerais vous enseigner tout ça.»

Cet empressement de m'en apprendre m'a fait penser à mes parents. Ils formaient un duo dynamique qui préconisait l'apprentissage tout au long de la vie. Ma mère était une lectrice vorace, et lorsque ma sœur et moi fréquentions l'école primaire, elle avait trouvé un emploi dans une petite librairie. Elle rentrait à la maison avec tellement de livres que je suis certain que son employeur la gardait uniquement parce qu'elle était sa meilleure cliente. Elle achetait des romans pour elle-même, des ouvrages documentaires pour mon père et des livres d'images et d'apprentissage de la lecture pour Kira et moi.

Mon père était ravi d'accroître ses connaissances et il dévorait ces livres avec allégresse. Mais son enthousiasme ne s'arrêtait pas là. Rien ne donnait plus de plaisir à Nick Landry que de partager son savoir. Il était professeur à l'école primaire, mais l'enseignement, bien plus qu'un travail, était une passion. À eux deux, mes parents créaient une atmosphère de salle de classe où que nous allions – à la plus grande consternation de leurs enfants.

Chaque été, nous faisions un voyage en famille. Rien d'exotique, mais maman et papa effectuaient toujours des recherches avant notre départ. Au beau milieu d'une randonnée dans la nature, maman sortait un guide de son sac à dos et nous expliquait que le pin gris avait besoin de l'intense chaleur dégagée par les feux de forêt pour que ses cônes s'ouvrent et libèrent leurs graines.

Papa nous expliquait comment les castors construisaient leurs barrages, ou comment les collines que nous escaladions avaient un jour été les berges d'un lac depuis longtemps disparu. Quel que soit le site historique où nous allions, mes parents en savaient plus que les guides. Même un parc thématique pouvait donner lieu à une leçon sur la force centrifuge ou la culture pop.

Mes parents semblaient accros à l'information et aux idées, et nos voyages étaient ponctués d'exclamations émerveillées. Chaque fois que maman faisait une découverte, elle lançait : « N'est-ce pas quelque chose ? » Et papa adorait que ma sœur et moi nous montrions curieux. « Excellente question ! » lâchait-il avec joie et fierté lorsque nous l'interrogions. On aurait dit que nous venions tout juste de découvrir un remède contre le cancer.

Aujourd'hui, j'évoque cette époque avec tendresse, mais enfant, tout cela me lassait souvent. Et lorsque je suis entré dans l'adolescence, cet enseignement continuel, ces éternels jeux-questionnaires me faisaient l'effet d'un ongle qui glisse sur un tableau noir. Affalés sur la banquette arrière de la voiture dans la chaleur torride d'un après-midi d'été, alors que papa faisait un exposé passionné sur le canal Érié, Kira et moi levions les yeux au ciel, posions l'index sur notre tempe et tirions un coup de pistolet imaginaire.

Ce lieu, cette ville, ai-je pensé avec tristesse, auraient fasciné mes parents. C'est le genre de voyage dont ils avaient toujours rêvé, le type d'endroit qu'ils espéraient visiter un jour. C'était leur grand projet de retraite : voyager. En fait, lorsque papa avait cessé de travailler, ses collègues lui avaient offert un ensemble de valises. Dans les mois qui avaient suivi, des récits de voyage s'étaient mis à pousser un peu partout dans la maison, comme des champignons sur une pelouse humide.

Il y avait des piles de livres à côté du fauteuil préféré de papa dans la salle de séjour, et encore d'autres sur la table de nuit de maman. Des dépliants et des cartes se trouvaient dans le porte-revues de la salle de bain : Irlande, Toscane, Thaïlande, Nouvelle-Zélande. Papa imprimait des itinéraires et les affichait au-dessus de son bureau d'ordinateur. Maman et lui avaient envisagé de sillonner le monde pendant près de six mois.

Et puis, un jour, plusieurs mois avant la date prévue de leur départ, maman a entendu un grand bruit dans le garage. Papa était en train de ranger les meubles de jardin pour l'hiver lorsqu'un anévrisme de l'aorte l'a emporté. Il est mort avant même de toucher le sol.

Pendant les mois qui ont suivi les funérailles, maman a vécu comme si elle se trouvait sous l'eau. Lentement, les itinéraires ont disparu du tableau d'affichage, les récits de voyage ont déménagé sur une étagère au sous-sol, et maman a repris son travail à temps partiel à la librairie. Kira croit que maman songera de nouveau à voyager un jour, mais pour l'instant, elle ne supporte pas l'idée de le faire sans mon père.

Un dernier cri lancé par un vendeur de tapis m'a ramené à la réalité. Ahmet s'est dirigé vers la sortie du bazar où nous attendait le soleil de fin d'après-midi.

« C'est l'heure de dîner », a dit Ahmet en m'entraînant sur le côté de l'édifice. Nous nous sommes engagés dans une ruelle, et puis dans une autre, nous frayant un passage dans les rues étroites de la vieille ville. Enfin, Ahmet s'est arrêté devant un auvent rouge vif tendu devant un immeuble trapu, tout en pierre.

« Nous y voici », a-t-il dit. Je l'ai suivi. Le café était sombre et frais, mais débordant de couleurs. Des tapisseries rouge et or étaient déployées sur les murs de pierre, au-dessus de bancs où étaient empilés de gros coussins bleu et orange. De petites tables basses couvertes de nappes rouges rayées se trouvaient devant les bancs. Une petite lampe de laiton ornait chaque table.

Tout en dégustant un repas composé de poivrons farcis au riz et aux pignons, d'agneau accompagné d'une purée d'aubergine et de pain aux graines de sésame, Ahmet et moi avons parlé de notre travail et de notre vie. Toutefois, un silence amical est souvent venu s'installer entre nous. De temps en temps, il se trouvait rompu par un « essayez ça » d'Ahmet, ou d'un « c'est bon » de moi. Mais il y avait de longs moments où nous nous laissions envelopper par le son de voix lointaines venant de la rue. Je me sentais très loin de tout ce que j'avais toujours connu.

Le soleil commençait tout juste à décliner à l'horizon lorsque nous sommes arrivés au quai. L'odeur piquante de l'air marin épiçait l'air. Le port était bondé d'embarcations, petites et grandes, écrasées par l'énorme silhouette des traversiers commerciaux. Ahmet, ai-je appris, n'était pas seulement le capitaine d'un traversier. Il avait déjà été le propriétaire d'une entreprise de transport maritime, mais il l'avait vendue quelques années auparavant. Il était maintenant semi-retraité. Il n'avait conservé qu'une seule embarcation de sa flotte – un bateau de pêche qu'il avait converti en traversier à ses tout débuts dans l'industrie. « Je ne supportais pas l'idée de m'en séparer, m'a-t-il raconté. Aujourd'hui, je m'en sers de temps en temps pour des croisières privées sur le Bosphore. Lorsque Julian m'a téléphoné, des touristes avaient déjà réservé en date d'aujourd'hui. C'est mon fils qui s'en est chargé. »

Nous avons marché sur le quai où étaient amarrés de gros traversiers publics et des bateaux de croisière. Le long d'un appontement se trouvait une embarcation longue et étroite, ornée d'une figure de proue. La poupe était ouvragée et d'élégants auvents protégeaient le pont ceint d'un plat-bord plaqué de dorures. « C'est une réplique de caïque impériale, a dit Ahmet. Pour les touristes. »

Nous sommes bientôt arrivés dans une section où étaient amarrées de plus petites embarcations. Ahmet s'est dirigé vers un modeste bateau bleu et blanc. « Le voici », a-t-il dit en riant. « Ma fierté et ma joie. » Robuste, il ressemblait à un remorqueur. Près de la proue se trouvait une petite timonerie à ciel ouvert, et le tableau de bord et la roue de gouvernail étaient situés derrière une petite cloison faite de verre et de bois. Un tabouret au cuir fatigué était placé derrière la roue. La poupe abritait des rangées de bancs de bois et quelques sièges étaient disposés derrière la timonerie. La peinture bleu et blanc des flancs et du pont du navire était craquelée, mais propre. C'était une vieille embarcation, mais bien entretenue.

« Il semble que nous ayons raté Yusuf. Tant pis. Peut-être que je pourrai vous présenter à ma famille lors de votre prochaine visite », a dit Ahmet en larguant les amarres.

Il ne nous a pas fallu longtemps pour sortir du port et nous retrouver dans le détroit. Nous avancions lentement, mais à cette heure de la nuit, on aurait dit que tout se déplaçait au ralenti. Un gros traversier tout illuminé se dirigeait vers la rive asiatique en laissant derrière lui un sillon tourbillonnant, et on apercevait au loin de plus petits navires. Les flots paraissaient anormalement calmes. Je pouvais voir Istanbul s'étirer sur chaque rive dans la lumière crépusculaire – une courtepointe composée de mosquées, de palaces et d'autres majestueux édifices, parsemée de toits de tuiles rouges, d'immeubles d'habitation, de palmiers, de boutiques et de cafés.

Nous sommes passés sous le pont du Bosphore et avons mis le cap sur le nord. Je pouvais distinguer des maisons de bois ouvragées, ce qu'Ahmet m'a dit être des *yali* – résidences d'été de l'élite fortunée –, surplombant les flots comme si elles flottaient et n'étaient pas ancrées sur la terre ferme. De minute en minute, le ciel devenait d'un bleu plus profond, jusqu'à ce que la pleine lune ressemble à une perle géante posée sur une nappe d'encre. Son reflet dansait sur l'eau et Ahmet a encore ralenti. Je pouvais sentir le bateau se balancer doucement au rythme du courant.

« C'est spécial ici, n'est-ce pas ? a dit Ahmet.

– Ça ne semble pas tout à fait réel, ai-je répondu.

– Mais il est très difficile de déterminer ce qui est réel, n'est-ce pas ?

– Je suppose. »

Ce n'était pas le genre de réflexion à laquelle je m'attardais généralement. Je me suis dirigé vers l'arrière du bateau et j'ai encore regardé la ville qui disparaissait dans la nuit.

« Saviez-vous, a poursuivi Ahmet, que ceci est un détroit et non une rivière ? L'eau ne coule pas dans une seule direction. »

Je me suis tourné vers Ahmet et j'ai secoué la tête.

« Non, a dit Ahmet. Ce n'est pas du tout comme une rivière. Ici, l'eau monte et se retire avec les marées océaniques. Tout comme l'Europe rencontre ici l'Asie, à cet endroit, les eaux de deux mers, la mer de Marmara et la mer Noire se rencontrent et se mélangent. Et pourtant, même cela n'est pas exactement ce qu'il paraît.

– Que voulez-vous dire ? ai-je demandé.

– Des spécialistes des sciences de la mer d'Angleterre, du Canada et de la Turquie ont étudié ce détroit il y a quelques années, a expliqué Ahmet. Et savez-vous ce qu'ils ont découvert ? »

Ahmet avait gardé les yeux fixés vers l'avant pendant qu'il pilotait, mais maintenant il me regardait par-dessus son épaule. J'ai haussé les miennes et secoué la tête.

« Au fond de ce détroit, il y a une rivière sous-marine. De l'eau, de la boue, des sédiments, tous plus lourds que l'eau salée qui coule au-dessus, passent de la mer de Marmara à la mer Noire.

– Une rivière sous-marine ? Comme c'est étrange.

– Cela nous fait comprendre, a poursuivi Ahmet, à quel point les choses sont compliquées. À quel point les choses sont rarement tout simplement ce qu'elles semblent. »

Je suis revenu vers l'avant et me suis assis à côté d'Ahmet dans la timonerie. Nous sommes demeurés silencieux pendant plusieurs minutes. Et puis Ahmet s'est adossé à son siège.

« Nous avons passé la majeure partie de la journée ensemble », a-t-il dit d'un ton songeur. « Mais en réalité, nous ne savons pas grand-chose l'un de l'autre. Du cousin de mon bon ami Julian, je sais uniquement ceci : vous êtes ingénieur électricien ; vous êtes marié ; vous avez un fils de six ans. Mais qui êtes-vous réellement ? »

Je n'avais pas de réponse à cette question. Ahmet a contemplé mon air absent et a souri.

« Et ce n'est pas différent en ce qui me concerne, a-t-il enchaîné. Pendant le dîner, je vous ai dit que j'étais un chef d'entreprise de 60 ans. Que je suis veuf et père de quatre fils adultes. Mais me connaissez-vous réellement ?

– C'est un point de départ, je suppose. Je veux dire que je pourrais vous interroger davantage sur votre entreprise ou vos enfants.

– Mais il nous faudrait beaucoup de temps pour vraiment nous connaître, n'est-ce pas ?

– Oui, je suppose.

– C'est généralement comme ça. Mais imaginez que nous amorcions notre conversation en parlant d'autre chose. Et si je vous disais que, pour moi, la vie est sur l'eau. Depuis ma plus tendre enfance, tout ce que j'ai voulu a été de vivre et de travailler sur ou près de l'eau. Ma mère avait l'habitude de me dire que, bébé, je n'étais réellement heureux que dans mon bain. L'eau, la pêche, la natation. Les bateaux, les bateaux, les bateaux. Je ne doutais absolument pas de ce que je voulais faire plus tard.

« Lorsque je ne suis pas à bord d'un bateau, je me sens toujours étrangement agité. C'était parfois difficile à endurer pour ma femme et mes fils. Mais les plus beaux moments de notre vie, nous les avons connus ensemble, sur le littoral, ou sur le bateau. Comme si c'était là que nous pouvions être véritablement nous-mêmes. J'ai toujours eu besoin de me trouver sur l'eau – pour réfléchir, pour vraiment comprendre le monde et ma vie.

« C'est à bord de ce petit bateau que j'ai décidé que Kaniz était la femme que je désirais épouser. C'est ici que j'ai dressé tous mes plans et que j'ai pris mes plus importantes décisions. (*Ahmet a légèrement tourné la roue.*) J'ai le sentiment que si je vous dis tout ça, vous pourrez vraiment commencer à me comprendre.

– Je suppose que notre compréhension des gens reste surtout superficielle, ai-je proposé.

– Oui», a approuvé Ahmet en hochant la tête. «Et c'est triste.» (*Ahmet est resté silencieux pendant un moment.*) «Mais ce n'est pas le plus triste», a-t-il poursuivi d'un ton rêveur. «Le plus triste, c'est que nous avons souvent une compréhension superficielle de nous-mêmes. Nous vivons si souvent la vie de notre voisin au lieu de la nôtre.»

J'ignore combien de temps nous sommes restés sur le Bosphore. L'eau phosphorescente, la lune chatoyante, le murmure apaisant du moteur ont conféré un caractère onirique à notre traversée, nous réservant un moment hors du temps. Et puis, Ahmet a tourné la roue de gouvernail et m'a montré du doigt les lumières qui, au loin, pailletaient la côte asiatique.

«Anadolu Kavaği», a dit Ahmet en tendant le bras vers l'avant. Vous ne pouvez les voir, mais là-haut, sur la colline, se trouvent les ruines du Château génois, construit au 14e siècle. Ma petite maison est de l'autre côté, à l'extrémité sud du village, sur la plage.»

Il ne nous a pas fallu longtemps pour accoster et ensuite nous rendre à la maison d'Ahmet dans la voiture qu'il avait garée près des quais. La petite maison en pierre n'avait rien à voir avec l'appartement impersonnel qu'il possédait en ville. Les carreaux de terre cuite qui tapissaient le sol, le plâtre inégal qui recouvrait les murs et les poutres de bois brut du plafond semblaient résonner des souvenirs d'un lointain passé. Dans la cuisine, des étagères étaient couvertes de vaisselle et d'ustensiles de cuisine en cuivre. Il y avait ici et là de petites mosaïques et du verre de couleur vive, mais les rideaux fatigués et le tissu décoloré des meubles portaient la marque du temps. Ahmet a transporté mon sac dans une pièce minuscule. Il m'a montré le petit lit, pas plus large qu'un lit jumeau et dont le cadre sculpté à la main était poussé contre le mur.

« C'est le lit dans lequel j'ai dormi avec mes deux frères », a dit Ahmet en riant. Il a posé mon bagage au pied du lit et puis nous sommes retournés dans la salle de séjour. « Que diriez-vous de vous asseoir à l'extérieur ? » a-t-il demandé.

Nous avons revêtu un chandail et sommes sortis sur un petit patio de pierre qui donnait sur le Bosphore illuminé par la lune. Ahmet m'a encore parlé du lieu qu'il préférait entre tous, l'eau.

« On dit que la mer Noire a déjà été un lac d'eau douce. Il y a des milliers et des milliers d'années, lors d'une grande inondation, les eaux de la Méditerranée se sont déversées dans le détroit du Bosphore et ont transformé la mer Noire en un plan d'eau salée.

– Et la rivière sous-marine ? Croyez-vous qu'il s'agit d'un vestige de cette inondation ? ai-je demandé.

– Ça en a bien l'air, n'est-ce pas ? Certaines personnes croient que cette inondation est celle dont parle la Bible – le déluge de Noé.

– Sans blague ?

– Il est également question du Bosphore dans la mythologie grecque. Avez-vous entendu parler de Jason et de sa quête de la Toison d'or ? (*J'ai secoué la tête.*) Eh bien, dans la mythologie grecque, le Bosphore abritait les Symplégades – des rochers flottants qui se heurtaient les uns les autres et qui fracassaient les navires osant s'aventurer dans le détroit. Lorsque Jason a voulu s'engager sur ces eaux, il a lâché une colombe qui a volé entre les rochers. Ces derniers se sont entrechoqués afin de détruire l'intruse, mais la colombe n'a perdu que quelques plumes de la queue. Jason et les Argonautes ont alors pu passer. La poupe de leur navire a été déchiquetée, mais l'embarcation n'a pas sombré. Après le passage de Jason, les rochers ont cessé de bouger et les Grecs ont finalement eu accès à la mer Noire. »

J'ai souri et j'ai hoché la tête. Ma mère aurait adoré Ahmet et ses histoires.

« Oh là là ! a dit mon hôte. J'avais presque oublié la raison de votre présence ici. Le talisman de Julian. Permettez-moi d'aller le chercher. »

Ahmet s'est levé rapidement et est entré dans la maison. Il est revenu quelques minutes plus tard avec une feuille de papier pliée en quatre et un petit paquet enveloppé de soie rouge. Il m'a tendu les deux objets.

« Bon, maintenant que vous avez ce pour quoi vous êtes venu ici, nous devrions aller nous coucher. Nous nous lèverons tôt demain. Nous retournerons à Istanbul. Je pourrai vous faire visiter Ayasofya – Hagía Sophía – avant de vous reconduire à l'aéroport. Mais vous devez me promettre de revenir un jour afin que je puisse vous faire découvrir le reste de mon pays. » Je l'ai fait avec joie et c'est à contrecœur que je me suis levé de ma chaise.

De retour dans ma chambre, j'ai placé le petit paquet sur une minuscule table de nuit. Je me suis assis au bord du lit pendant une minute avant de reprendre le paquet. Lentement, j'ai ouvert le carré de soie. Il renfermait une petite pièce de monnaie de cuivre. En fait, ce n'était pas exactement une pièce de monnaie. C'était un disque qui avait à peu près la taille d'une pièce de cinq cents. Sur un côté, elle était frappée d'un soleil dont les rayons irradiaient d'un cercle bombé. De l'autre côté, il y avait un croissant de lune. J'ai posé le petit disque sur la table et j'ai pris le parchemin plié.

Je l'ai ouvert et l'ai posé sur mes genoux. J'ai lu :

Le pouvoir de l'authenticité

Le cadeau le plus important que vous puissiez vous faire est l'engagement de vivre votre vie avec authenticité. Cependant, être fidèle à soi-même n'est pas une tâche facile. Nous devons nous libérer des séductions du monde et vivre comme nous l'entendons, en fonction de nos propres valeurs et tournés vers nos rêves les plus intimes. Nous devons puiser dans notre moi caché ; nous devons explorer les espoirs, les désirs, les forces et les faiblesses invisibles qui sont profondément enfouis dans notre être et qui font de nous ce que nous sommes.

Nous devons comprendre notre cheminement antérieur et notre destination. Chaque décision que nous prenons et chaque pas que nous faisons doivent être fondés sur notre engagement à vivre une vie authentique, honnête et fidèle à nous-mêmes, rien qu'à nous-mêmes. Et de cet engagement découle la certitude de connaître un bonheur bien supérieur à tout ce que nous pourrions imaginer.

Je me suis dirigé vers mon sac et j'ai pris tout au fond le calepin que Julian m'avait donné. J'y ai glissé la lettre et l'ai remis dans mon sac. J'ai repris le talisman et j'en ai encore examiné les deux faces. Et puis, j'ai sorti la pochette de cuir de ma poche et j'ai glissé le disque à l'intérieur avant de soulever le couvre-lit et de me glisser entre les draps.

Le lendemain matin, au réveil, je me suis rendu compte que je n'avais pas bougé de la nuit. J'avais joui du sommeil profond que je ne connaissais qu'en vacances. Lorsque je suis entré à pas feutrés dans la cuisine, le merveilleux arôme du café turc, fort et noir, a rempli mes narines. Avec le café, Ahmet m'a servi un yaourt épais agrémenté de fruits. Il m'a ensuite entraîné dehors et, en traversant les rues pavées du village, m'a une fois de plus conduit au bord de l'eau.

Nous sommes montés sur son bateau et Ahmet a lancé le moteur et s'est prudemment éloigné du quai. Une fois dans les eaux libres, il a accéléré. Nous avancions plus rapidement que la veille, mais il n'y avait pas que cela de complètement différent.

Malgré l'heure matinale, le soleil embrasait le ciel. Les villages, les collines verdoyantes, l'eau – tout semblait lumineux et clair, intense et vibrant. C'était éblouissant, mais la magie et les mystères de la nuit précédente s'étaient évaporés.

« Tout paraît si différent, ai-je dit à Ahmet. Magnifique, mais différent.

– Oui, a-t-il admis d'un ton pensif, j'ai moi-même souvent cette impression. La nuit cache beaucoup de choses, mais en révèle aussi d'autres.

– C'est pareil avec les villes. Certaines semblent magiques la nuit, mais très ordinaires à la lumière du jour.

– Et pourtant, ces deux aspects sont également réels », a ajouté Ahmet. Il s'est tu un moment et a dit : « Je suppose que c'est pour cette raison que ce n'est jamais une bonne idée de porter des jugements rapides sur les choses. Il faut du temps pour apprendre à connaître les lieux, les gens, et même notre propre personne. »

Le bateau fendait les flots en vrombissant alors que des oiseaux volaient en cercle au-dessus de nos têtes. Devant nous, je pouvais voir deux hommes à bord d'un petit bateau de pêche, en train de lancer un filet. Sur un quai, un jeune garçon s'est détaché d'un groupe de personnes et nous a fait de grands signes. Pendant un moment, j'ai eu le sentiment d'avoir déjà navigué le long de ces rives, mais de ne les remarquer que pour la première fois.

« Oui », ai-je dit à mon nouvel ami Ahmet. « Oui, je commence à voir la vérité dans tout ça. »

Chapitre quatre

Par moments, pendant que je déambulais dans Istanbul, j'avais l'impression d'être un personnage de film. Comme si je voyais le monde à travers la lentille d'une caméra, comme si chaque mot sorti de ma bouche avait été écrit par un autre. C'était déstabilisant, mais en même temps rafraîchissant, donnant un monde rempli de possibilités. Et puis, il y avait eu la nuit où j'avais navigué sur le Bosphore, sous le clair de lune. Je n'avais nul souvenir d'un pareil émerveillement depuis l'enfance. Julian m'avait dit que notre but dans la vie était de « devenir ». Je commençais à comprendre.

Mais ici, à l'aéroport d'Atatük, cet Istanbul disparaissait rapidement dans le rétroviseur. J'avais éteint mon portable l'après-midi précédent et, jusqu'à maintenant, j'avais oublié de le rallumer. Il est revenu à la vie dans un bourdonnement, affichant une boîte de messages dont les lignes objets frisaient l'hystérie : « Requête d'expédition urgente » ; « Contrôle de la qualité » ; « Essai raté XD95 » ; « Rapports financiers mensuels à produire ! » ; « Mais où donc es-tu ?» J'ai remarqué que Nawang m'avait envoyé plusieurs messages et j'ai commencé par ceux-ci. Il semblait que les premiers tests de contrôle de la qualité se déroulaient sans incident.

Et puis, j'ai lu les messages de David : uniquement des demandes de rapports que je lui avais déjà livrés et des informations que je lui avais déjà fournies. Combien de temps perdais-je en envoyant en double les mêmes documents, en me répétant, en produisant du matériel que personne ne se donnait la peine de lire (mais qui n'en était pas moins attendu – et soumis – à temps, chaque mois, chaque semaine) ? Il s'est écoulé 40 minutes avant que j'en arrive aux messages laissés par Annisha et par Adam. Annisha voulait savoir si j'étais bien arrivé à Istanbul. Seigneur ! J'aurais dû la prévenir dès mon arrivée. Adam voulait me parler de la pièce de théâtre dans laquelle il jouait un rôle. J'ai tapé de brèves réponses et puis j'ai téléphoné au bureau, espérant que Nawang y serait.

AU MOMENT OÙ J'AI PRIS PLACE dans l'avion, j'étais complètement de retour dans mon monde. Je ne pouvais continuer à ignorer mon travail, ma vie, chaque fois que j'atterrissais dans une nouvelle ville. Et si ma boîte de messages n'était pas pleine la prochaine fois que j'utiliserai mon portable, qu'est-ce que cela signifierait ? Certainement rien de bon. J'ai tiré quelques affaires de mon sac de vol et puis je l'ai tant bien que mal casé dans le porte-bagages. Je pouvais entendre un homme haleter derrière moi. À l'autre bout de l'appareil, un bébé hurlait déjà. J'ai grincé des dents et j'ai poussé un soupir.

Alors que je me contorsionnais pour m'installer dans un fauteuil digne d'un jardin d'enfants que, de nos jours, les compagnies aériennes qualifient de place, j'ai senti les muscles de mon cou se contracter. La pochette de cuir que Julian m'avait donnée était suspendue à un long cordon de cuir. Je l'avais passée autour du cou, me disant que je risquais moins de la perdre. Mais je pouvais maintenant sentir la cordelette de cuir s'incruster dans ma peau. La pochette me semblait anormalement lourde. Trop pour la minuscule amulette qu'elle contenait. J'ai bouclé ma ceinture et sorti la pochette de sous ma chemise. J'y ai puisé le petit disque que j'ai tourné et retourné dans ma main. Le soleil et la lune. Le yin et le yang. Le cœur et la tête. Le ciel et la terre. L'invisible et le visible. J'ai remis le talisman dans la pochette que j'ai ensuite glissée sous ma chemise.

Et puis, j'ai pris le calepin qui se trouvait dans la poche de mon veston. La lettre de Julian à propos du pouvoir de l'authenticité s'y trouvait. Je n'y avais pas vraiment réfléchi depuis que je l'avais lue. À Istanbul, j'avais eu le sentiment que je ne vivais pas vraiment ma vie. Ou plutôt que je me trouvais hors de celle-ci, la contemplant de loin tel un étranger. Je me demandais maintenant si ce que j'avais vu était réel. Qu'était mon moi « authentique » ? Qui étais-je en réalité ? Je me suis rappelé la conversation que j'avais eue avec Ahmet sur le bateau. Je lui avais dit que j'étais un ingénieur électricien. Un mari. Un père. Tout cela était vrai, mais c'était aussi le cas de milliers d'autres hommes. Comment pourrais-je me décrire si je ne pouvais m'identifier à ces trois étiquettes ?

J'ai abaissé la tablette devant moi et j'y ai posé le calepin ouvert. Comme je l'ai déjà dit, l'autoréflexion n'a jamais été mon fort. En fait, je ne voyais pas l'intérêt de m'y adonner.

J'ai pris un stylo dans ma poche et, en haut de la première page, j'ai écrit: «Qui suis-je?» Je me suis senti ridicule.

J'ai fixé la page blanche jusqu'à ce que l'agente de bord me tire de cet état second en m'offrant quelque chose à boire. Elle m'a servi avec un sourire radieux et a poursuivi son service le long de l'allée. J'ai pris une gorgée de café et j'étais sur le point de refermer le calepin lorsque j'ai suspendu mon geste. C'était absurde. Il fallait que je réponde à cette question.

Mais même après avoir terminé mon café, je fixais encore une page vierge. Mon vol durerait près de quatre heures. Je m'étais promis d'écrire quelque chose avant l'atterrissage. Peut-être que si j'arrivais à décrire mon moi «authentique», je serais en mesure de me rappeler ces moments de mon existence où j'avais eu le sentiment de me connaître vraiment, où j'avais eu conscience de ma vie, où j'avais cru vivre exactement comme je le voulais et non de la manière dont on me dictait de le faire.

La première chose que j'ai écrite, c'est: «L'heure du conte». Cela me semblait un étrange moment à souligner, car il n'était pas unique ni même figé dans le temps. Et c'était il y a longtemps, si longtemps. Pendant toute mon enfance, nous avons eu un rituel familial. Après le repas du soir et le bain, ma mère nous emmenait, ma sœur et moi, dans l'une de nos chambres. Nous nous installions tous les trois sur le lit et maman nous faisait la lecture. Lorsque j'étais petit, nous regardions des livres d'images. Plus tard, elle est passée à de courtes histoires et, finalement, à de longs romans comme *Les Aventures de David Balfour* ou *Les Voyages de Gulliver*.

Cela a duré beaucoup plus longtemps que je ne l'aurais avoué à mes amis. Toutefois, quelque chose à propos de ce rituel me servait de point d'ancrage. Peu importe ce qui s'était passé dans la journée, les ennuis que je m'étais attirés, les querelles que Kira et moi avions eues, les catastrophes qui m'étaient arrivées à l'école – cette heure que nous passions sur le lit chaque soir, la voix douce de ma mère qui résonnait dans la pièce, le bruit de mon père en bas, rangeant la cuisine, les soupirs de satisfaction que ma sœur poussait dans les silences –, tout devenait clair. Je savais qui j'étais et quelle était ma place.

Ensuite, j'ai noté un souvenir plus précis : « Randonnée dans les Rocheuses avec Annisha ». C'était juste avant notre mariage. Sur un sentier des lacs Grassi non loin de Canmore, une ville de l'Ouest canadien, nous avions traversé un ruisseau. Annisha marchait derrière moi ; je lui ai tendu la main pour l'aider. Arrivés au bout du sentier, nous avons admiré le paysage, les montagnes qui nous encerclaient. Et puis, j'avais regardé Annisha. Je me rappelle nettement avoir été envahi par le sentiment que ce lieu improbable était exactement l'endroit où je voulais me trouver, l'endroit où il me *fallait* être en ce moment précis.

Bien entendu, à cette époque, j'étais incapable d'imaginer les émotions qui déferleraient sur moi au moment de la naissance d'Adam. Et c'est le troisième élément que j'ai noté dans le calepin. Pendant que je tenais le bébé dans mes bras et qu'Annisha sommeillait dans son lit d'hôpital, je me rappelle avoir pensé que ma place dans l'univers était désormais déterminée par ce petit être. J'étais devenu un père. Et je le serais toujours. Cette certitude appelait la réflexion tout en étant source de réconfort.

Et finalement, j'ai écrit : « Essai du nouveau dispositif d'injection de carburant ». C'était un événement étrangement technique et professionnel à inscrire immédiatement après la naissance d'Adam, mais c'était comme ça. C'était le premier projet que j'avais individuellement mené à terme au travail. Juan m'avait demandé de concevoir un nouveau système d'injection de carburant. « Ne te contente pas de faire des retouches à un dispositif déjà existant, m'avait-il dit. Tu m'as parlé d'une approche différente. Alors, fais quelque chose de différent. Pars de zéro. Repense tout le dispositif. »

J'ai travaillé pendant des mois sur ce projet, mais j'ai à peine vu le temps passer. Je m'assoyais à mon bureau le matin et je n'en bougeais pratiquement pas avant 18 heures. En arrivant chez moi, je restais debout dans l'allée devant la maison en me demandant comment j'avais bien pu arriver jusque-là. J'étais tellement absorbé par mes idées et débordant d'énergie que je n'avais qu'une envie le matin : aller travailler.

Lorsque j'ai finalement présenté mes esquisses à Juan, il a eu l'air pensif. « Eh bien, il n'y a qu'une seule façon de savoir si ça fonctionne. Construisons-le. »

Nous l'avons donc construit. Nous l'avons ensuite testé. Et enfin, nous l'avons installé sur un véhicule et avons fait un essai routier. Je n'avais pas fermé l'œil de la nuit précédente. En observant la voiture prendre de la vitesse sur la piste, je pouvais pratiquement entendre mon cœur battre, comme le tic-tac d'une horloge.

Quatre éléments inscrits dans mon journal. C'était suffisant pour une journée. J'ai refermé le calepin, que j'ai glissé dans ma poche. J'ai incliné le dossier de mon fauteuil le plus loin possible vers l'arrière, j'ai fermé les yeux et j'ai essayé de dormir.

DÈS QUE J'AI PÉNÉTRÉ DANS LE TERMINAL de l'aéroport de Paris–Charles-de-Gaulle, mon pouls s'est accéléré. La file d'attente à la douane m'a paru interminable et l'attente au carrousel à bagages, une éternité. Après être sorti en trombe par les portes vitrées juste en face de la station de taxis, je me suis précipité vers la première voiture comme un enfant vers un camion de crème glacée. J'adorais Paris et j'étais impatient de marcher dans ses rues.

Mais la circulation était lente. Il était près de 18 heures et l'autoroute était très achalandée. Contrairement à ce que j'avais ressenti à mon arrivée à Istanbul, tout ici me paraissait étrangement familier. J'étais entouré de banlieusards : des automobilistes qui ne prêtaient que peu d'attention à la route, l'esprit encombré par le déroulement de leur journée – ce qu'ils avaient accompli et ce qui les attendait le lendemain. Cela aurait pu être moi, mais de l'autre côté du globe.

Mais voilà : j'étais le passager d'un véhicule qui avançait à la vitesse d'un escargot dans un paysage qui m'était familier et pourtant étranger, le mur formé par les gratte-ciel gris de la banlieue me rappelant que, dans cette ville où vivaient des millions d'êtres humains, je n'en connaissais aucun.

Julian m'avait dit que je logerais dans un hôtel situé sur les Champs-Élysées. Mais lorsque le taxi s'est rangé devant l'établissement, je n'ai pas eu envie de descendre. Je suis passé à un cheveu de dire au chauffeur de continuer à rouler. À ce moment-là, rien ne me tentait plus que de me perdre dans les rues de Paris jusqu'à ce que le soleil se couche – de voir la tour Eiffel, illuminée peu importe où je porterais le regard.

Cependant, Julian m'avait dit que je ferais la connaissance d'un homme appelé Antoine Gaucher, sans avoir pu préciser l'heure de notre rencontre. Antoine, m'avait-il dit, me laisserait une note à la réception pour m'indiquer le lieu – et je me suis dit qu'Antoine m'attendait peut-être déjà. Après tout, Julian avait dit : « Antoine est un type intéressant. Ce pourrait être une rencontre peu commune. »

Alors que le taxi s'éloignait sur les Champs-Élysées, j'ai poussé la porte de l'hôtel et je suis entré. Le hall était bondé. Des dizaines de gens d'affaires en tenue de soirée, un porte-nom accroché autour du cou, faisaient la queue devant le bureau de la réception, alors que d'autres formaient de petits groupes un peu partout dans le hall. Non loin du bureau du concierge, une petite fille assise sur une valise sanglotait. Une femme à l'air hagard était penchée sur elle et cherchait quelque chose dans son sac à main. Le hall résonnait de cris, de rires, de bavardages et de pleurs.

Je suppose que le vol, la course en taxi et le bruit m'avaient quelque peu épuisé, car lorsque mon tour est venu au bureau de la réception, je ne pensais plus aux lumières de Paris, mais plutôt à un verre bien tassé que je dégusterais dans un café. Lorsque la réceptionniste m'a tendu une carte-clé et a dit « chambre 1132 », j'ai réagi brusquement.

« Non, absolument pas », ai-je dit. Je n'ai même pas fait l'effort de parler français. « Rien de plus élevé que le 4e étage. » La réceptionniste m'a regardé d'un air interrogateur. « Je ne peux pas… », ai-je poursuivi, et puis je me suis tu. Je ne voulais pas fournir d'explications.

Le moi authentique ? Eh bien, en voilà un aperçu. Je suis claustrophobe, les espaces exigus me pétrifient. C'est pourquoi monter dans un ascenseur représente tout un défi. Peu de gens sont au courant de ma phobie – j'ai toujours réussi à la cacher en prétendant que monter des escaliers faisait partie d'un mode de vie sain que j'avais adopté. Juan avait commencé à me qualifier de « maître des escaliers » après m'avoir vu grimper 18 étages pour me rendre au salon d'accueil lors d'un congrès de l'industrie automobile. Mais en réalité, je préférais me présenter en sueur et essoufflé devant mes confrères plutôt que d'être paralysé par la peur.

Il a fallu quelques minutes à la réceptionniste pour me trouver une chambre au 4e étage. Elle a ensuite glissé vers moi une petite enveloppe en même temps que ma carte-clé. *C'est certainement la note d'Antoine*, ai-je pensé en la glissant dans ma poche. J'ai confié mon sac au groom et je me suis dirigé vers les escaliers.

Une fois dans ma chambre, j'ai enlevé mes chaussures et je me suis laissé tomber sur le lit. Allongé, j'ai tiré l'enveloppe de ma poche. Elle renfermait une seule feuille de papier sur laquelle apparaissaient quelques mots : « Antoine Gaucher, archiviste. Catacombes de Paris, 1, avenue du Colonel Henri Rol-Tanguy. Retrouvez-moi sur les lieux de mon travail, s'il vous plaît. Mercredi à 17 h 30, après la fermeture du musée. »

De toute évidence, cet Antoine n'était pas bavard.

Mercredi, c'était demain. J'aurais donc une journée de liberté dans Paris. Ma première réaction en a été une de ravissement. Toute une journée consacrée à flâner dans l'une des villes les plus spectaculaires de la planète. Où irais-je ? À Notre-Dame ? Dans le Marais ? À Montmartre ? Au Louvre ? Mais une autre pensée a relégué ces endroits à l'arrière-plan de mon esprit. *Toute une journée.* J'ai sorti mon portable de ma poche. J'étais parti depuis deux jours et j'avais encore huit talismans à récupérer. À ce rythme, combien de temps serais-je absent ? Peut-être trois semaines – mais c'était très ambitieux – et si quelque chose tournait mal ? J'ai essayé de ralentir ma respiration, de détendre ma mâchoire crispée. Je ne pouvais exercer aucun contrôle sur le facteur temps. *Pourquoi m'inquiéter ?* me suis-je dit. *Détends-toi. Profite de l'occasion qui t'est offerte.* J'ai respiré profondément et me suis rendu dans la salle de bain pour me rafraîchir.

DÉAMBULANT SUR LES CHAMPS-ÉLYSÉES alors que le soleil descendait à l'horizon, je me suis senti mélancolique. Paris est un endroit où il fait bon d'être accompagné.

Je voyais des couples qui marchaient main dans la main, des hommes et des femmes appuyés l'un contre l'autre à de petites tables sur les terrasses des cafés. Si Annisha était ici… Si Annisha était ici, il nous faudrait discuter de notre relation. De ce qui avait mal tourné, de la frustration que je lui causais, des déceptions que j'infligeais à Adam. Seigneur ! La magie de Paris se dissipait. Changement de sujet. Qu'est-ce que ce serait d'être ici avec Tessa ? C'était mieux. Le côté romantique de l'inconnu.

J'ai marché un certain temps dans un parc avant de rebrousser chemin et de remonter la grande avenue. Je pouvais apercevoir au loin la magnifique silhouette de l'Arc de triomphe. Je me suis arrêté dans un minuscule bistro pour dîner. J'avais une faim de loup. J'ai commandé une salade et une carafe de vin rouge. Ensuite du canard et, pour terminer, un plateau de fromages. C'était ça, l'art de bien manger.

Le bistro était bondé. J'ai tenté de suivre les conversations autour de moi. Une mère et sa fille, de toute évidence en vacances. Que feraient-elles demain ? Du lèche-vitrine ou sauteraient-elles dans un train jusqu'à Versailles ? Quelques hommes d'affaires parlaient d'une présentation à faire à la fin de la semaine. Un couple discutait du chien détestable du voisin.

Je me suis attardé à savourer le contenu de mon plateau de fromages, et puis j'ai réglé l'addition avant de sortir dans la nuit. Le soleil s'était couché et la Ville lumière était… illuminée. J'ai remonté l'avenue jusqu'à l'Arc de triomphe et j'ai gravi les 300 marches qui menaient sur le toit. Je ne monterais pas au sommet de la tour Eiffel (en ascenseur !) et c'était donc pour moi la meilleure option pour admirer la ville.

Une fois au sommet, j'ai longé le périmètre de la zone d'observation. La tour Eiffel scintillait à l'ouest. Des automobiles et des taxis circulaient sur les rues convergeant de la place de l'Étoile[1]. De minuscules silhouettes déambulaient sur les trottoirs, d'autres entraient dans des boutiques et des immeubles d'habitation ou en sortaient. Tant de gens, tant de vies ; tous différents, tous en transition et en changement. Toutes ces âmes vivaient-elles une vie « authentique » ? Si ce n'était pas le cas, s'en apercevaient-elles ?

Je n'étais pas encore certain de ce que serait ma vie authentique, mais je me doutais bien que je ne la vivais pas encore. Car si c'était le cas, y aurait-il tant de choses auxquelles je voudrais éviter de penser ? Telle Annisha ? Ou mon père ? Juan ? Si je vivais une vie authentique, ne me sentirais-je pas beaucoup plus heureux la majeure partie du temps ? Je me suis détourné et je suis descendu. L'escalier en colimaçon était bordé d'un mur fait de pierres froides et silencieuses. Je sentais mon énergie me quitter avec chaque tour. La journée avait été longue.

En fait, plusieurs longues journées s'étaient succédé. J'étais pris dans un tourbillon depuis ma rencontre avec Julian. Mon appartement et mon travail me paraissaient bien loin. Et les semaines à venir étaient nimbées de gigantesques points d'interrogation. Il était temps que je rentre à l'hôtel ; il était temps que je sombre dans l'oubli du sommeil.

---

1. Depuis 1970, cette place s'appelle officiellement place Charles-de-Gaulle, mais elle est encore très connue sous son ancien nom.

Le lendemain matin, j'ai pris le métro jusqu'au Marais et je suis allé dans un petit café dont j'avais gardé le souvenir d'une visite précédente. J'avais envie d'un café au lait et d'un pain au chocolat. Alors que je m'assoyais à une petite table, j'ai sorti mon portable. J'ai répondu à quelques messages et j'ai lancé Internet. J'ai tapé : « Catacombes de Paris ».

J'avais entendu parler des catacombes, mais je ne les avais jamais vues. Mais à la lumière de ce que je lisais maintenant, cela m'a semblé avoir été une sage décision. Comme la population d'autres pays chrétiens, les Parisiens enterraient leurs morts dans le sol consacré des cimetières. Le problème, apparemment, était qu'au fil des siècles, ces cimetières s'étaient remplis. Et bien entendu, le temps passant, la population qui vivait tout près avait augmenté. À la fin des années 1700, ils étaient pleins à craquer des victimes de la peste, d'épidémies, de la famine et de la guerre.

Pendant des décennies, les corps avaient été empilés les uns sur les autres, et le sol recrachait des os et des chairs en décomposition à travers la boue. Aux alentours, l'air était fétide ; tout ce qui suintait du sol contaminait l'eau et les réserves de nourriture. Des rats malades ont envahi les demeures et les espaces publics, et lors d'un incident particulièrement effroyable, les murs du sous-sol d'un restaurant s'étaient effondrés sous la pression du contenu putréfié du cimetière des Saints-Innocents qui était situé juste à côté. Des cadavres et des ossements s'étaient déversés dans la cave à vins du restaurant. J'ai lu qu'un maçon qui inspectait les lieux avait contracté la gangrène après avoir posé la main sur les vestiges d'un mur.

À cette époque, cela avait dû déclencher un mouvement général d'indignation, mais il semble que ce soit cet effondrement à proximité dudit cimetière qui ait poussé le parlement à le fermer et à confier la recherche d'une solution à Alexandre Lenoir, un préfet de police. Cinq ans après la catastrophe, les représentants du gouvernement ont donné leur aval à la suggestion de Lenoir et les corps inhumés dans ce cimetière et d'autres lieux de sépulture disséminés à travers la ville ont été transportés dans d'anciennes carrières souterraines qui dataient du Moyen Âge.

On a opté pour les tunnels qui se trouvaient au sud de la ville et les ossements des cimetières parisiens ont été exhumés et transportés au nouvel ossuaire lors de processions officielles. Il n'y avait aucun moyen de conserver les squelettes intacts et les ossements ont donc été triés par type et empilés le long des murs des tunnels en même temps que les stèles funéraires qui avaient été retirées des cimetières d'origine. Les catacombes, ai-je appris, abritaient les restes de six millions de personnes.

Au fil de ma lecture, j'ai examiné quelques photographies, soulagé qu'Antoine m'ait demandé de le retrouver après la fermeture des catacombes. Il n'était pas question que je visite cet endroit. Comme si les piles d'ossements ne suffisaient pas, il y avait ces tunnels étroits et sombres… Je me sentais étourdi rien que d'y penser.

Après le petit-déjeuner, j'ai erré dans les rues. Au milieu de la matinée, un soleil déjà chaud dardait ses rayons dans un ciel clair de printemps. Son éclat et sa chaleur palpitante m'ont rappelé le talisman de l'« authenticité » – le petit disque où figuraient le soleil et la lune.

Il était censé posséder un pouvoir réparateur. Comment cela fonctionnait-il exactement ? Ce talisman pouvait-il m'aider à trouver mon véritable moi ? Si oui, de quelle nature était cette guérison ?

Pendant que je marchais, j'ai regardé le visage des gens autour de moi. J'ai commencé à jouer à un petit jeu en tentant de déterminer si les gens que je croisais vivaient une vie authentique ou non. Ce grand jeune homme au nez plongé dans un guide de la ville de Paris – non. Cet enfant qui serrait dans ses bras un petit chien en peluche – authentique. Ce serveur d'âge mûr qui se tenait debout à l'entrée d'un bistro et qui tirait des bouffées de sa cigarette, la mine renfrognée – non. Cette femme qui agençait des foulards aux couleurs vives dans la vitrine d'une boutique – authentique.

J'ai continué ainsi le long de plusieurs pâtés de maisons avant de commencer à me demander ce qui me faisait arriver à ces conclusions. *C'était*, ai-je pensé, *cet air de satisfaction qui flottait sur le visage de ces gens qui me faisait croire qu'ils vivaient « véritablement » leur vie et non une existence factice dictée par la société.* Une aura qui laissait supposer qu'ils étaient sûrs de ce qu'ils étaient, de ce qui importait à leurs yeux et du sens de l'existence. Qui d'autre était nimbé de cette aura ?

J'ai pensé à mon père et à ma mère. Peut-être n'était-ce qu'une supposition inspirée de mon enfance, car même lorsqu'ils bougonnaient à propos de notre maison trop petite ou de notre vieille bagnole, ils ne donnaient pas l'impression d'être troublés ; en fait, ils semblaient entièrement satisfaits. Cela me rendait fou. J'ai aussi pensé à certains de mes amis, et puis le visage de Juan s'est imposé à mon esprit. Pas le Juan des dernières années, mais celui que j'avais connu à mon arrivée dans l'entreprise.

JUAN DEVAIT ALORS ÊTRE AU DÉBUT DE LA QUARANTAINE, mais il émanait de lui la sagesse et l'enthousiasme intellectuel d'un vieil érudit. Pendant mon entretien d'embauche, il avait semblé distrait, même indifférent ; j'ai donc été étonné qu'il m'appelle pour m'offrir le poste. J'ai fini par comprendre qu'à cette première rencontre, il était simplement perdu dans ses pensées. Apparemment que mes résultats aux tests d'aptitudes l'avaient grandement impressionné, de même que mon expérience professionnelle et ma présentation. À ce point qu'il pensait déjà aux projets qu'il allait me confier. Dès ma première journée de travail, un Juan très enthousiaste m'avait accueilli.

« Le voilà ! » avait-il annoncé à mon arrivée. « Venez, tout le monde », avait-il dit à tous ceux qui se trouvaient dans le labo. « Venez faire la connaissance du nouveau membre de notre équipe : le jeune, mais impressionnant Jonathan Landry. »

Après les présentations et une visite des lieux, nous avions dîné dans un boui-boui du quartier. Ensuite, sans tarder, Juan m'avait confié un mandat de remaniement d'un produit. J'avais passé l'après-midi penché sur un écran d'ordinateur, conscient avec chaque seconde qui passait de mon immense désir de réussir. Vers 17 heures, j'avais senti une main sur mon épaule. Levant les yeux, j'avais vu que Juan me souriait. « Je dirais que cela a été une première journée plutôt chargée, n'est-ce pas ? » avait-il dit. « J'ai encore un peu de paperasse à terminer, mais vous devriez rentrer chez vous. Bon travail. » Je n'avais pas l'impression d'avoir accompli grand-chose, mais la confiance de Juan était rassurante. J'ai respiré profondément, j'ai sauvegardé mon travail et éteint l'ordinateur.

Toute la semaine s'était déroulée ainsi. Je m'assoyais devant l'ordinateur, me concentrais intensément, et juste au moment où mes épaules menaçaient de se raidir ou qu'un mal de tête commençait à me marteler les tempes, Juan apparaissait à mes côtés pour me demander comment j'allais, pour me faire une suggestion ou même, à l'occasion, pour me proposer une petite pause. Mais malgré tout son soutien, j'avais commis une bourde avant la fin du premier mois : une erreur de calcul malencontreuse qui avait entraîné le rejet des plans d'un prototype. Le patron de Juan était entré dans le labo et avait lancé une liasse de documents sur un comptoir.

« Qui a produit ceci ? » avait-il demandé. Juan s'était aussitôt avancé et avait examiné les documents.

« Mille excuses, Karl, avait-il dit. Je constate que nous avons fait une erreur. Je veillerai à ce que vous receviez les plans corrigés d'ici la fin de la journée. » Karl était demeuré immobile un moment, lançant un regard suspicieux dans ma direction. « C'est mon erreur », avait dit Juan en se dirigeant vers la porte, tentant manifestement d'entraîner Karl avec lui. « Mais on la corrigera rapidement. Nous allons nous y mettre immédiatement. »

Une fois Karl disparu au bout du couloir, Juan s'était approché de mon poste de travail. « C'est la preuve qu'on ne peut jamais être trop minutieux », avait-il dit en laissant tomber le rapport devant moi. « Mais vous ne devriez jamais avoir peur de faire des erreurs, c'est comme ça qu'on apprend. »

Bref, cela décrit bien Juan. Il n'avait émis aucun reproche ni au type qui avait vérifié mon travail ni à moi. Calme et philosophe. Toujours positif. D'un grand soutien pour tous ses subordonnés. Il allait chercher le meilleur de nous-mêmes. J'en suis profondément persuadé.

La vue de la Seine a interrompu le fil de mes pensées. Je venais d'arriver au pont Notre-Dame. Je l'ai traversé et je me suis baladé dans les rues jusqu'à ce que je parvienne à la cathédrale. Je suis resté planté devant ses superbes portes pendant un bon moment, admirant les murs de pierre ornés de statues de saints et de gargouilles, le verre de la rosace miroitant sous le soleil. Quel chef-d'œuvre ! J'ai sorti mon portable et pris quelques clichés afin de les montrer à Adam à mon retour. Et puis, je suis entré.

J'ai passé le reste de la journée à marcher, à faire de courts trajets en métro, à visiter les attractions touristiques, à explorer les rues du Quartier latin pour finalement faire une pause en fin d'après-midi en m'arrêtant au bistro *Les Deux Magots*, près du boulevard Saint-Germain. Le ciel s'était couvert, mais j'ai tout de même choisi une table sur la terrasse. J'ai commandé un citron pressé et je me suis adossé à ma chaise de rotin. J'ai posé la main sur la pochette sous ma chemise et j'ai observé les passants.

La journée avait été agréable, mais je sentais maintenant que le cœur n'y était plus. J'étais seul – et pour combien de temps, je l'ignorais. Je voulais rentrer à la maison. Adam passerait le week-end avec moi. Et pendant toute la semaine, je serais entouré de gens au bureau. Peut-être trouverais-je le courage d'inviter Tessa à déjeuner. Ou à dîner. Ce serait un bon moyen de fuir mon appartement désert pendant un moment. J'ai souri à la pensée de ses boucles brunes.

J'aurais pu rester là jusqu'au coucher du soleil, mais mon portable a fait bip, me rappelant que j'avais rendez-vous aux catacombes. J'ai réglé l'addition et je me suis dirigé à contrecœur vers le métro.

Après un bref trajet, je suis descendu à la station Denfert-Rochereau et suis remonté à la surface. J'ai fait le tour d'un miniparc sur la place Denfert-Rochereau à la recherche d'indications, et je suis rapidement arrivé devant un édifice de pierre qui, je l'avais lu, faisait partie de l'ancienne barrière d'Enfer, une porte d'accès à la ville. Une structure sombre adjacente semblait être la billetterie des catacombes. Mais la petite porte était fermée, sans âme qui vive aux alentours. J'ai cogné et attendu, en vain. J'ai frappé encore une fois sur la surface de bois foncé, mais plus fort. J'ai cru entendre des pas de l'autre côté et puis la porte s'est ouverte lentement vers l'intérieur. Un jeune homme boutonneux d'environ 18 ans me faisait face.

« Antoine ? » ai-je demandé d'un ton hésitant.

« Non », a-t-il répondu en roulant des yeux. « Il travaille. Suivez-moi. » Il a fait volte-face et s'est engagé dans l'édifice. Il a fallu que je le suive. Il marchait d'un bon pas et j'ai dû hâter le mien, derrière lui.

«Où est… ?» ai-je commencé à dire dans mon français maladroit. Condescendant, mon guide a esquissé un geste de la main et a répété: «Suivez-moi.» Quelques pas plus loin, il est disparu dans l'embrasure d'une porte. Lorsque je suis arrivé sur le seuil, j'ai vu avec horreur une volée de marches de pierre, qui descendaient en spirale: les catacombes. Nous nous dirigions vers les tunnels.

Mon cœur s'est mis à battre la chamade, le col de ma chemise m'a paru trop serré et j'ai soudain eu de la difficulté à respirer. Mais malgré mon état de panique, mes pieds ont continué de marteler les marches de pierre, produisant un bruit à peine plus fort que les battements de mon cœur. Plus bas, plus bas, toujours plus bas. J'avais la tête qui tournait, je me sentais nauséeux. Je n'avais aucune idée de la profondeur à laquelle nous allions, mais une fois en bas de l'escalier, j'ai eu l'impression que nous nous trouvions à plusieurs étages sous terre.

Mon guide silencieux avançait rapidement, comme s'il lui répugnait également de circuler sous terre. Le tunnel était humide et mal éclairé, mais on pouvait quand même voir ce qu'il renfermait. Les ossements de six millions de Parisiens étaient ensevelis là. Mais je n'avais encore vu aucun squelette, et ce n'était pas les morts qui me hantaient. C'était le tunnel et ses plafonds bas, ses murs rapprochés. Pendant que je me hâtais derrière mon guide, j'ai senti que ma respiration devenait de plus en plus superficielle et rapide. Des perles de sueur naissaient sur mon front, malgré les frissons. J'avais le vertige et j'avais peine à mettre un pied devant l'autre. J'ignorais si je serais capable de continuer, mais l'idée de perdre de vue le jeune homme m'a fait persévérer. Je savais qu'il me fallait penser à autre chose.

Et puis, nous sommes passés devant une alcôve fermée par une paroi de plexiglas. Derrière se trouvaient une vieille chaise de bois usée et une petite table sur laquelle reposait une bougie. Une plaque sur le mur évoquait la Deuxième Guerre mondiale. Je me suis rappelé avoir lu à ce sujet. Pendant la guerre, des membres de la Résistance s'étaient cachés dans ce réseau tortueux de tunnels. En fait, ils y avaient passé plusieurs années.

Comment s'était déroulée la lutte contre l'invasion nazie ? La Résistance française vivait-elle constamment dans la peur et l'appréhension ? Ou l'engagement envers la cause, la justice et la liberté insufflait-il du courage ? *Probablement les deux*, me suis-je dit. *La véritable bravoure ne peut se manifester que devant le visage de la peur*. Sans cette peur, comment nos gestes peuvent-ils être inspirés par l'héroïsme ?

Mais quelle ironie ! En vivant dans ces espaces restreints, entourés de restes humains, témoignages de notre inévitable mortalité, ces combattants avaient-ils songé au fait que, peu importaient leurs actions, tous ceux qu'ils tentaient de tirer d'un danger finiraient dans ce trou ? Cela importait-il qu'ils abrègent les souffrances et évitent les morts inutiles ? Ont-ils eu des doutes quant à leur lutte, se sont-ils demandé si l'entreprise valait le coup ? Les ossements emplissant ces tunnels étaient ceux de gens dont la vie était révolue – une vie qui pour certains avait eu un sens, pour d'autres non. La façon dont ils avaient vécu avait-elle vraiment de l'importance ? La façon dont nous vivons tous en a-t-elle ?

Mon guide continuait de serpenter devant moi. J'ai accéléré le pas et, après un tournant, j'ai aperçu une première pile d'ossements.

J'ai ralenti malgré moi. La vague de panique avait reflué. Les longs murs voûtés étaient enchâssés d'ossements – des fémurs et des tibias étaient soigneusement empilés. Des clavicules et des côtes formaient des motifs complexes. Et juste en face de moi, se dressait une colonne de crânes grimaçants. J'ai pensé à tous ceux qui s'étaient cachés dans les catacombes. Bien sûr que la façon de vivre des gens a son importance. Les membres de la Résistance le savaient. En regardant ces ossements, ils ont dû se dire que ces horreurs sous terre n'étaient rien en comparaison de celles se déroulant à la surface, dans les rues occupées de Paris, de Lódz, de Berlin et d'Amsterdam. Tous les résistants, sans égard à l'endroit où ils vivaient, ont dû se rendre compte qu'il valait mieux faire face à la terreur que de l'ignorer.

Soudain, le jeune homme s'arrêta à l'entrée d'un autre tunnel, séparé de celui que nous venions d'emprunter par une grille de fer rouillée. Il y faisait sombre. Mon guide a poussé la grille et s'est engagé dans la pénombre. Il s'est ensuite immobilisé et s'est tourné vers moi, comme pour s'assurer que je le suivais toujours. J'ai avancé d'un pas incertain dans la lumière anémique alors que son dos disparaissait devant moi. J'ai fait quelques pas de plus.

Et puis mon pied a buté sur quelque chose. Le bruit de ce qui m'a paru des morceaux de bois qui s'entrechoquaient a rempli l'air et j'ai figé sur place. Aussitôt, un rayon de lumière s'est mis à danser autour de moi. Mon guide venait d'allumer sa lampe de poche. J'aurais préféré qu'il ne le fasse pas. Tout à coup, l'ordre macabre qui avait régné jusque-là n'existait plus. Il y avait des os partout, éparpillés sur le sol autour de nos pieds, tombés de piles instables le long des parois. La lumière éblouissante a fait briller des nuages de poussière et révélé des toiles d'araignées qui pendaient du plafond.

« *Ça c'est pour vous* », a dit mon guide. Il m'a tendu la lampe de poche. Je l'ai prise et il s'est éloigné en me frôlant.

« Mais qu'est-ce que… ? » ai-je balbutié.

Mais avant que je puisse terminer ma question, l'homme a dit d'un ton brusque : *« Il vous rencontrera ici. »* Et puis il est disparu, me laissant seul, à 15 mètres sous terre : un être humain solitaire debout parmi les morts.

Il n'y avait plus rien pour me distraire maintenant. L'air était immobile et les murs du tunnel semblaient se refermer sur moi. J'ai eu l'impression que le plafond vibrait ; j'étais certain que, à tout moment, il risquait de s'effondrer. *Ce n'est pas réel*, ai-je tenté de me convaincre. *C'est une crise de panique.* L'anxiété m'avait envahi, menaçant de me déchirer. Je voulais m'appuyer sur quelque chose, m'accrocher à quelque chose, mais j'avais trop peur de m'effondrer parmi les os.

Après ce qui m'a paru des heures, mais ce qui n'a probablement été que quelques secondes, j'ai entendu un bruit de pas. Un petit homme est apparu dans les ténèbres.

«C'est moi, Antoine», a dit le personnage. C'est à ce moment-là que je me suis mis à chanceler.

«Mon Dieu!» a dit Antoine. Il m'a attrapé par le bras et m'a retenu. Et puis, il s'est dirigé vers un espace aménagé entre deux piles d'ossements. Il y a pris deux sièges pliants, les a apportés au milieu du tunnel et les a installés sur le sol inégal.

«Assoyez-vous. Je vous en prie, assoyez-vous.»

Antoine avait probablement dépassé la cinquantaine. Ses cheveux blancs et bouclés entouraient un visage pâle et ridé. Il portait de petites lunettes rondes et sans doute un sarrau de laboratoire foncé. Comme Ahmet, il avait un visage avenant. Mais Antoine avait en plus un air studieux.

«Je m'excuse de vous avoir fait attendre ici, je travaille ce soir: je m'occupe de restauration. Petit à petit, les ossements se tassent et tombent. Et il y a également eu quelques actes de vandalisme. C'est un effort constant.»

Ma respiration revenait lentement à la normale. Heureusement, mes crises de panique ne duraient jamais longtemps. C'était comme si mon corps était simplement incapable de fournir l'énergie qu'elles nécessitaient. Je me suis essuyé le front et j'ai marmonné: «Ça va.»

Antoine a hoché la tête et a souri gentiment. «Cela ne m'étonne pas que cet endroit ne vous plaise pas. La plupart des gens s'en tirent bien pendant les heures d'ouverture. Mais ils ne souhaitent pas vraiment se retrouver seuls ici avec leurs pensées, comme moi chaque jour. Mais vous savez, on devient courageux en affrontant ce qui nous fait peur. » Il a tapoté sa poche et en a tiré une petite boîte. Soulevant le couvercle, il m'a offert un bonbon. J'ai refusé de la tête. Il en a pris un avant de remettre la boîte dans sa poche.

« J'étais très jeune quand j'ai perdu mon père. Tout ce que je connaissais de lui venait du passé. C'est peut-être pour cette raison que je me suis tant intéressé à l'histoire, aux archives. Mais la vue de son corps couché dans un cercueil m'a hanté pendant des années. Elle m'a vraiment hanté. Lorsque ce poste s'est ouvert, j'ai pensé : *Non, je ne veux pas m'occuper d'ossements, je ne veux pas travailler avec des morts. C'est la dernière chose que je souhaite faire.* Et puis, j'ai saisi que c'était précisément à cause de ma peur des morts qu'il me fallait cet emploi. » Et c'est en riant et en balayant les lieux d'un geste de la main qu'il a ajouté : « Cela a été libérateur. »

Ensuite, il s'est penché et m'a regardé. « Vous sentez-vous mieux ? » J'ai hoché la tête.

« Oh ! » a-t-il émis, comme à l'arrivée d'un souvenir. « Voilà. » Il m'a tendu un petit paquet et un parchemin plié en quatre, comme celui remis par Ahmet en Turquie. « Il faut que je retourne travailler. Mais je suis certain que cela ne vous gêne pas de me quitter maintenant, n'est-ce pas ? » J'ai secoué la tête et j'ai essayé de sourire, quelque peu surpris de la brièveté de cette rencontre pour laquelle j'avais voyagé si loin.

Nous nous sommes levés tous les deux. « Je crois que vous saurez trouver la sortie », a dit Antoine. Il s'est approché de la grille métallique et m'a indiqué le tunnel faiblement éclairé. « C'est par là. Suivez le tunnel et nc vous engagez pas dans ses ramifications. J'ai demandé à Jean de laisser la porte ouverte à votre intention. »

J'avais empoché le paquet et le parchemin. « Merci », ai-je dit en m'éloignant d'Antoine. « Merci. »

Et puis, je l'ai entendu crier : « Soyez brave, Jonathan ! C'est la seule façon de vivre. Et rappelez-vous que le courage n'est pas nécessairement ce que l'on ressent. C'est une vertu que l'on atteste concrètement. »

J'ai marché le long du tunnel. La symétrie, l'aspect soigné des piles d'ossements, était un soulagement en comparaison du fouillis qui régnait là où travaillait Antoine. Si je n'avais pas été aussi impatient de sortir de cet endroit clos, je me serais sans doute attardé pour admirer la qualité artistique des arrangements. Au lieu de quoi, j'ai inspiré profondément et je me suis dit que la sortie se trouvait après le prochain tournant, ou le suivant. Finalement, je suis parvenu au pied de l'escalier de pierre que j'avais emprunté en arrivant. Je l'ai gravi aussi rapidement que j'ai pu, les jambes légèrement courbaturées à cause de ma montée sur l'Arc de triomphe la veille. J'ai abouti en haut et je suis sorti avec soulagement. L'air frais du soir m'a paru une bénédiction. J'ai aspiré goulûment quelques bouffées d'air avant de m'avancer sur le trottoir en direction d'un banc.

Je me suis assis et me suis intéressé au petit paquet que m'avait donné Antoine. Plusieurs couches de papier de soie jauni l'enveloppaient. À l'intérieur, il y avait un minuscule crâne de métal. Les mâchoires étaient écartées, comme s'il me faisait une grimace. Ou me souriait. Cela m'a fait sourire en retour. J'ai tourné le crâne miniature entre mes mains. Du bronze ancien, peut-être. Ou une sorte d'alliage de fer. J'ai pris la pochette de cuir suspendue à mon cou et j'y ai laissé tomber le talisman. Et puis j'ai soigneusement déplié le parchemin.

Il était titré *Affrontez vos peurs*. Cela m'a fait rire. Évidemment, ce talisman était rattaché à la peur. J'ai poursuivi ma lecture :

Ce qui nous retient dans la vie est l'invisible architecture de la peur. Elle nous maintient dans notre zone de confort, c'est-à-dire le lieu le moins sécuritaire où nous puissions vivre. En fait, le plus grand risque dans la vie, c'est de ne prendre aucun risque. Mais chaque fois que nous osons faire quelque chose qui nous effraie, nous nous réapproprions le pouvoir qui nous a été ravi, car de l'autre côté de nos craintes, vit notre force. Chaque fois que nous nous aventurons dans l'inconfort que suscitent la croissance et le progrès, nous acquérons une plus grande liberté. Plus nous affrontons nos peurs, plus nous reconquérons notre pouvoir. C'est ainsi que nous trouvons courage et puissance, et que nous pouvons vivre la vie de nos rêves.

J'ai pris le calepin dans ma poche et j'y ai glissé la lettre. Ensuite, j'ai remis la pochette autour de mon cou et je me suis dirigé vers le métro.

Il n'était pas encore 18 h 30. Cette épreuve dans les catacombes avait duré moins d'une heure. J'avais reçu un peu plus tôt un message de Julian. Il me disait qu'un billet d'avion m'attendrait à l'aéroport le lendemain matin. J'avais donc toute la soirée devant moi. J'ai décidé de retourner à l'hôtel et de faire un brin de toilette. Ensuite, je me rendrais sur la place du Trocadéro, de l'autre côté de la rivière, à partir de la tour Eiffel. Je dînerais dans un restaurant là-bas et puis j'admirerais la tour illuminée avant d'aller me coucher.

Je suis descendu à la station Charles-de-Gaulle – Étoile et je me suis engagé sur les Champs-Élysées. J'étais perdu dans mes pensées, revoyant ce sombre séjour dans les tunnels, ma panique et ma survie. En entrant dans le hall de l'hôtel, je me suis dirigé droit vers l'ascenseur. Lorsque les portes se sont ouvertes, je suis entré dans la cabine et j'ai appuyé sur le bouton du 4e étage. J'ai ensuite regardé dans le hall, mais je n'ai pas bougé. Les portes se sont fermées lentement. Et puis l'ascenseur s'est mis en marche. Cela faisait 20 ans que ça ne m'était pas arrivé. J'étais terrifié. Mais tout s'est bien passé.

Chapitre cinq

J'avais tenté de joindre Julian à plusieurs reprises pendant mon séjour à Paris, mais en vain. J'ignorais où je devrais me rendre ensuite, qui je devrais rencontrer et combien de temps je passerais dans ce nouvel endroit. J'ai serré les dents. Je souhaitais avoir quelques détails, quelques informations. Je l'ai appelé encore une fois. Toujours pas de réponse.

Et voilà que, le lendemain matin, je me tenais debout comme un idiot devant un préposé d'Air France complètement ébahi, les yeux sortis de la tête et la voix atteignant les hauteurs d'un soprano. « Osaka ? ai-je couiné. Au Japon ? Vous vous moquez de moi ? »

J'ignorais pourquoi cette destination en particulier me mettait hors de moi. Je suppose que c'était la perspective d'imposer un vol de 12 heures à mon corps déjà bouleversé par le décalage horaire. J'avais mal à la tête à la seule idée de me rendre dans un endroit où je n'étais encore jamais allé, d'atterrir dans un pays où je ne connaissais personne et dont je ne parlais pas la langue.

Avançant dans l'allée de l'avion, je me suis rendu compte avec désespoir que j'avais une place au milieu – dans la rangée du milieu, de surcroît. D'un côté, j'avais comme voisin un homme costaud qui a aussitôt réquisitionné l'appuie-bras. De l'autre, une femme mince qui a rapidement sorti un livre de son sac, et qui l'a posé sur la tablette rétractable : le signal international signifiant « Ne me parlez pas ». Cela me convenait parfaitement. Je n'étais pas d'humeur à bavarder.

J'ai pensé que je devrais moi aussi lire ou regarder un film, mais mon esprit était survolté, passant en revue tout ce qui m'était arrivé au cours des derniers jours. De plus, il semblait que je ne pourrais pas m'installer confortablement. Et ce n'était pas uniquement à cause du type qui débordait de son siège à côté de moi ni du jet d'air froid vis-à-vis de mon oreille droite, courtoisie de mon autre voisine qui avait tenté d'ajuster le ventilateur au-dessus de nos têtes. Mes vêtements me semblaient trop serrés et me démangeaient, j'avais la gorge sèche et le cordon de la pochette de cuir qui contenait les talismans pénétrait encore une fois dans ma peau.

J'ai tant bien que mal tiré la chose de sous ma chemise. Je l'ai mise dans la poche de mon pantalon, mais sans arriver à la placer de manière à éviter qu'elle ressorte sur ma hanche. Mon sac de vol était dans le porte-bagages et je ne voulais pas mettre les talismans dans la pochette du siège qui se trouvait devant moi. J'étais sûr que je les y laisserais accidentellement en descendant de l'avion.

Pendant que je fouillais dans mes poches et me tortillais sur mon siège, ma voisine a poussé un gros soupir. Cela m'a agacé, mais elle avait raison. Je la dérangeais. J'ai remis le cordon autour de mon cou et la pochette sous ma chemise.

Après six heures de vol, j'ai commencé à ruminer à propos de ce qui m'attendait. J'arriverais à Osaka au début de la matinée, mais il serait tard le soir à Paris. Je serais privé d'une nuit complète de sommeil. De plus, j'avais encore six heures devant moi, six heures à passer dans cet espace trop étroit. *La seule solution*, ai-je pensé, *passait par une sieste : quelques heures de sommeil feraient paraître le voyage plus court et rendraient ma première journée au Japon plus supportable.* Autour de moi, d'autres voyageurs avaient manifestement eu la même idée. Mon voisin immédiat s'était assoupi et la femme assise de l'autre côté avait terminé son livre et inclinait son fauteuil en fermant les yeux. En fait, tout le monde était devenu silencieux. Tout le monde, sauf deux jeunes femmes assises directement derrière moi.

Elles parlaient anglais. Au début du vol, j'avais entendu l'une d'elles dire qu'elle se rendait à Osaka pour y enseigner l'anglais langue seconde. L'autre jeune femme avait expliqué, avec un accent français, qu'elle avait de la famille à Osaka. Elle allait y établir son camp de base pendant les trois mois de son voyage en Asie. Elles avaient bavardé de tout et de rien, mais à mi-chemin vers notre destination, leur conversation était devenue plus intime. Elle était maintenant imprégnée d'énergie et d'enthousiasme – et elle avait gagné en volume –, ce qui aurait été plus approprié dans une boîte de nuit bruyante que dans un avion bondé.

J'ai tenté de les ignorer, mais en vain. J'ai installé le casque d'écoute fourni par la compagnie aérienne et j'ai allumé la radio. J'ai zappé d'une chaîne à l'autre à la recherche de musique apaisante, mais rien n'arrivait à couvrir les voix derrière moi. Je ne comprenais pas comment mon voisin pouvait ronfler malgré ce boucan.

Les heures n'ont cessé de s'étirer. J'ai entendu parler de partenaires infidèles et d'amis des beaux jours. De classes de yoga géniales et de tatouages de bon goût. De rallonges de cheveux et d'irrigation du côlon. Lorsqu'elles ont commencé à aborder leurs projets d'avenir, j'ai eu des envies de meurtre. Finalement, je me suis calmé en dénichant une chaîne de comédies sur le canal cinéma, mais les frasques de second ordre des personnages n'ont pas réussi à me dérider.

Lorsque je suis enfin descendu de l'avion une demi-journée plus tard, laissant derrière moi 12 heures affreusement assommantes d'air recyclé et de crampes aux jambes. Je me sentais comme dans un brouillard, incapable d'une pensée rationnelle. Ne sachant pas quoi faire d'autre, j'ai suivi la foule jusqu'à ce que je me retrouve coincé dans une marée humaine autour du carrousel à bagages.

J'étais pleinement conscient du fait qu'il n'était pas vraiment nécessaire que je reste là. Parfois, les compagnies aériennes mettent si longtemps à sortir les bagages de l'avion qu'on a l'impression qu'ils ont été acheminés à bord du *Queen Mary* et non sur le même vol que nous.

Je me suis éloigné et je me suis laissé glisser le long d'un mur jusqu'en position accroupie. J'ai sorti mon portable de ma poche et je l'ai allumé. J'ai tout de suite vu que j'avais un message de Julian.

Cher Jonathan,

Je suis désolé de ne pas avoir été présent lorsque tu m'as téléphoné, et aussi de ne pas t'avoir donné davantage de détails. Je t'ai laissé un message dans lequel je t'indiquais le nom de la gardienne du talisman, ainsi que des directives, mais il semble que le standard téléphonique de ton hôtel l'ait perdu. En tout cas, tu logeras avec une charmante jeune femme appelée Sato Ayame (Ayame est son prénom) à l'auberge de ses parents, à Kyoto. Elle t'attendra à l'aéroport. Bon séjour au Japon.

Amuse-toi bien.

Julian

J'ai envoyé un message à Annisha et Adam, leur annonçant que j'étais arrivé à Osaka, et j'ai remis le téléphone dans ma poche. Alors, une voix familière a attiré mon attention.

« Cela a été tellement agréable de faire ta connaissance ! » C'était l'une des deux jeunes femmes de l'avion ; elles se tenaient épaule contre épaule devant le carrousel. Mes voisines si bavardes. J'ai senti naître une migraine. Il semblait que les bagages n'étaient pas près d'arriver et je me suis donc levé et suis parti à la recherche d'une salle de bain. Lorsque je suis revenu, des valises tombaient du toboggan avec un bruit sourd et se mettaient à tourner sur le convoyeur. La fille aux cheveux sombres était penchée et tirait sur son sac de sport de plaid rose.

Je me suis rapproché du carrousel. Il a effectué un tour complet et comme je ne voyais toujours pas mon sac, j'ai tourné le regard vers la chute. J'étais encore là 20 minutes plus tard, attendant de voir basculer mon sac sur le convoyeur. Mais il était clair que le déchargement était terminé. J'ai inspecté les quelques valises qui restaient sur le tapis roulant. Mais rien à faire, mon sac n'y était pas.

J'avais une brosse à dents et un slip propre dans mon sac de vol, mais tous mes articles de toilette et la majeure partie de mes affaires se trouvaient dans mon bagage manquant. Je sentais la tension me serrer les tempes. J'avais un mal de tête lancinant et la poitrine oppressée. *Pourquoi est-ce à moi que ça arrive?* ai-je pensé. À plus de 1,5 million de kilomètres de chez moi, sans bagages. Sans parler de tous les tracas qui m'attendaient.

La plupart des passagers de mon vol n'étaient plus là. J'ai regardé autour de moi. L'aéroport international du Kansai était neuf, éclairé et élégant, mais comme dans tant d'autres grands aéroports, on avait l'impression de se trouver dans un labyrinthe – un lieu immense et déroutant qui paraissait à la fois bondé et effroyablement vide. Les indications étaient en japonais et en anglais, mais la version anglaise semblait avoir été abrégée. Désespéré, je commençais à me demander quoi faire et où aller. Et je devais encore franchir la douane et l'immigration avant de sortir et de trouver Ayame.

Le vol interminable, les passagères bavardes, mon immense fatigue, c'est comme si un petit commutateur avait été poussé. En l'espace d'un instant, je n'étais plus inquiet, mais enragé. Mon cœur battait la chamade et tout mon corps était agité, comme si un courant électrique courait dans mes veines. J'ai vu un homme debout non loin. Il portait un uniforme qui laissait croire qu'il était un membre du personnel de l'aéroport. Je me suis pratiquement rué sur lui.

Avec le recul, je me rends compte que j'ai eu énormément de chance. De nos jours, il n'est pas très avisé de se mettre en colère dans un aéroport. C'est un miracle que l'on ne m'ait pas entraîné dans une quelconque salle d'interrogation ou, pire encore, arrêté. Mais, d'une manière ou d'une autre, on m'a escorté tout au long des processus de douane et d'immigration, on m'a présenté à un employé qui a promis de retrouver mon sac et on m'a courtoisement accompagné jusqu'à la zone d'arrivée, secoué et fourbu. Entre-temps, je m'étais épanché, en anglais et dans quelques mots d'un français hésitant, auprès de qui voulait bien m'entendre. Je me suis demandé si la barrière des langues n'avait pas laissé planer un grand mystère sur les propos que j'avais tenus aux gens qui m'avaient aidé. J'avais de la difficulté à imaginer que la simple politesse ou gentillesse ait pu empêcher quiconque de m'envoyer paître, moi et mon sac manquant.

Mon accès de colère et les démarches qui avaient suivi m'avaient épuisé. Je ne souhaitais que m'engouffrer dans une voiture et me laisser conduire vers un lit bien douillet. J'ai balayé la salle du regard. À quelques mètres de moi, debout à côté d'une rangée de sièges et d'une série de cabines téléphoniques, se trouvait une femme d'environ 30 ans. Les cheveux courts et lustrés, elle portait une blouse vert émeraude et un jean délavé. Elle ne tenait pas d'affichette à la main comme Ahmet, mais il était clair qu'elle attendait quelqu'un. Lorsque nos yeux se sont croisés, elle a relevé la tête et s'est dirigée vers moi. Se rapprochant, elle a souri. « *Hajime-mashite. Jonathan Landry-sama ?* » a-t-elle demandé. J'ai hoché la tête et elle s'est inclinée jusqu'à la taille pour me faire un petit salut.

J'ai repensé à l'époque où j'avais commencé à travailler comme vendeur. Mon employeur m'avait inscrit à un séminaire sur le savoir-vivre professionnel en pays étranger. J'avais presque tout oublié, mais maintenant je me rendais compte que, pendant l'heure passée à l'aéroport de Kansai, j'avais probablement enfreint toutes les règles de politesse japonaises. C'était vraiment un miracle qu'on ait fait preuve d'autant de patience avec moi. J'ai donc salué en retour, tentant de m'incliner encore plus bas qu'Ayame.

« Bienvenue au Japon. Je suis très honorée de faire votre connaissance.

– Oh, merci mon Dieu ! Vous parlez anglais », ai-je dit sans réfléchir.

Ayame m'a de nouveau salué en souriant.

« Oui. J'enseigne la littérature anglaise à l'université de Kyoto, et c'est donc une condition préalable », a-t-elle expliqué.

J'ai tenté de me ressaisir en m'excusant de mon commentaire à propos de son bilinguisme et en lui expliquant mon soulagement. « C'est que mon sac a été égaré. Il faut que je retourne au bureau de la compagnie aérienne et que j'indique une adresse où l'on pourra me l'envoyer si on le trouve. »

Ayame m'a accompagné au comptoir. Elle m'a demandé la permission de parler à ma place – une offre que j'ai acceptée avec reconnaissance. J'avais encore les nerfs à vif. Je ne me faisais pas confiance et je craignais de péter les plombs une fois de plus.

Ayame s'est adressée au préposé en japonais. Elle s'est ensuite tournée vers moi pour me dire qu'on avait retrouvé mon sac sur un autre vol qui arriverait plus tard à Osaka. On l'enverrait ensuite par messager à l'auberge de ses parents à Kyoto. Elle s'est ensuite mise à marcher le long d'un corridor vitré. J'ai pensé qu'on se rendait dans le stationnement, mais Ayame m'a dit que nous prendrions le train à la gare de l'aéroport, et ensuite un taxi jusqu'à la *ryokan* de ses parents, dans l'est de Kyoto.

« Une *ryokan*, a-t-elle expliqué, est une auberge traditionnelle japonaise. J'espère que vous la trouverez confortable. De nombreux voyageurs apprécient ce qui la distingue des hôtels occidentaux. »

LE TRAIN ÉTAIT BONDÉ, mais Ayame et moi avons réussi à trouver deux fauteuils contigus. Pendant que nous nous installions, elle m'a dit que le trajet durerait environ une heure et demie. Je n'ai pu étouffer un profond soupir. Ayame m'a regardé en haussant un sourcil.

« Je suis désolé. Je ne voulais pas vous offenser. C'est seulement que le voyage m'a épuisé. Je ne sais même pas l'heure qu'il est ni quel jour de la semaine nous sommes ! Et toute cette aventure m'apparaît ridicule. Je ne comprends tout simplement pas pourquoi vous, les

« gardiens », ou quel que soit le nom que Julian se plaît à vous donner, ne pouvez pas lui envoyer les talismans par la poste.

– Je sais que Julian doit avoir de bonnes raisons de vouloir les récupérer de cette manière. Peut-être devriez-vous être un peu plus philosophe à propos de cette aventure. Après tout, a-t-elle ajouté avec douceur, la vie est un voyage…

– Ouais, ouais », n'ai-je pu m'empêcher de dire, « mais ceci n'est pas un voyage. C'est une sorte de visite de maison à surprises bordélique. Depuis quelques jours, je parcours ce fichu monde : Buenos Aires, Istanbul, Paris. Et Dieu sait où je serai demain ou la semaine prochaine.

– Hum, oui. C'est difficile », a admis Ayame tout doucement. « Mais vous savez ce qu'on dit ? La destination n'a pas d'importance, c'est ce qu'on devient qui compte. »

Mais je n'étais pas d'humeur à écouter des homélies.

« Mais qu'est-ce que vous avez tous ? » ai-je demandé d'un ton cassant. « Vous parlez tous de la même façon. Vous parlez tous comme Julian. »

Ayame a paru perplexe plutôt qu'agacée.

« Est-ce que ça vous étonne ? Nous sommes tous de bons amis de Julian. Nous avons tous tant appris de lui. Notre vie à tous a changé grâce à lui.

– Eh bien, ma vie change aussi. Mais je ne suis pas certain que ce soit pour le mieux. Tout va mal au bureau. Et ma femme… »

Je me suis arrêté là. Je ne voulais pas aborder ce sujet. Je ne voulais pas penser à tous les manques de ma vie. Ma femme. Mon fils. Mon sac.

Après un moment de silence, Ayame a repris la parole.

« Vous devez également vous faire du souci à propos de Julian.

– Quoi ?

– À propos de sa demande de rassembler les talismans. Du fait qu'il en a besoin. Ne vous êtes-vous pas demandé pourquoi ? Ne vous interrogez-vous pas sur la personne qu'il essaie d'aider ? »

J'y avais peu songé dernièrement. Et si Julian ne me disait pas la vérité à propos de ma mère ? Et si ma mère était malade ? Ma mère fait partie de ces gens qui laissent entendre que la vie est facile. Je crois que j'avais environ 12 ans lorsque j'ai compris qu'elle pouvait être malade comme tout le monde.

Et si ce n'était pas ma mère, peut-être était-ce ma sœur, Kira. Bien qu'elle ait deux ans de moins que moi, je l'avais toujours considérée comme la plus responsable de nous deux. C'était elle qui avait pris soin de maman à la mort de notre père, qui me rappelait que c'était l'anniversaire de maman ou qui me disait quand maman avait besoin que je l'appelle ou que je lui rende visite. C'était elle qui gardait le contact avec moi, qui faisait le plus gros du travail dans notre relation. Me le dirait-elle si elle était malade ou si elle avait des ennuis ? Et puis, il y avait mes tantes, mes oncles et mes cousins.

Et même si la personne qui avait besoin de l'aide de Julian n'était pas un membre de ma famille, cela voulait-il dire que je ne devais pas prendre au sérieux l'importance de cette tâche que Julian m'avait confiée ? J'avais été on ne peut plus égocentrique ces derniers jours.

« Oui », ai-je dit, bien que ce ne fût pas la pure vérité, « cela m'a préoccupé ».

Plusieurs minutes se sont écoulées avant qu'Ayame reprenne la parole.

« En passant, il est presque huit heures du matin », a-t-elle dit. Et puis, elle a ajouté : « Peut-être voulez-vous profiter du trajet pour vous reposer. »

Tout était calme dans le train, un agréable contraste avec l'avion. Je n'entendais que le murmure assourdi de voix au loin. J'ai fermé les yeux et me suis laissé aller à la douce vibration du wagon. Je me suis endormi presque aussitôt.

JE NE CROIS PAS AVOIR REGARDÉ Ayame une seule fois pendant que nous roulions en taxi dans les rues de Kyoto. En arrivant à la gare ferroviaire, j'avais eu le sentiment d'entrer dans un Japon urbain et raffiné, comme j'imaginais Tokyo. Les hauts plafonds voûtés, les arches monumentales de verre et de métal, tout étincelait, tout était clair et élancé. De là, la ville de Kyoto ressemblait presque à n'importe quelle autre ville moderne – sur un fond de collines à l'horizon, des gratte-ciel de verre côtoyaient des édifices quelconques et des tours aux dimensions variées. Il y en avait même une surmontée d'une plate-forme, comme la Space Needle à Seattle.

Mais maintenant que nous nous faufilions dans les rues proprement dites, tout semblait différent. Serrées entre des immeubles de briques modernes, il y avait de petites maisons de bois au toit de tuiles en surplomb, parfois agrémentées d'un pignon de bois et d'ornementations. Certaines se cachaient derrière un jardin luxuriant composé de plantes grimpantes et de bonsaïs. J'ai remarqué plusieurs femmes vêtues d'un kimono.

« Il y a plusieurs sites historiques, beaucoup à voir à Kyoto, a dit Ayame. Cette ville a déjà été la capitale du Japon. Et elle a échappé aux bombardements et à la destruction de la Deuxième Guerre mondiale. Il y a d'innombrables temples ici.

– Vraiment ? ai-je dit, les yeux toujours rivés sur la vitre.

– Peut-être que je pourrai vous en faire visiter un demain.

– Oui, ce serait fantastique, si nous en avons le temps.

– Et ce soir, a dit Ayame, mes parents aimeraient que vous vous joigniez à nous pour le dîner. Un repas traditionnel *kaiseki*. »

J'ai hésité avant de répondre.

« Cela me plairait, mais je dois vous prévenir. Je sais que vous ne faites pas les choses comme là d'où je viens, que l'étiquette est complexe. »

J'avais de la difficulté à m'expliquer. Je pensais à la scène de l'aéroport.

« J'ai peur d'offenser quelqu'un.

– Je vous en prie, ne vous inquiétez pas. Je comprends cela, et mes parents le comprennent aussi. Je vous expliquerai les choses au fur et à mesure, si vous le voulez bien. »

J'ai hoché la tête. Et puis, le taxi s'est rangé sur le bord de la route.

« Nous devons descendre, l'auberge est au bout de cette rue. » Elle a indiqué ce qui ressemblait à une allée. « C'est une rue très ancienne. Trop étroite pour les automobiles. »

Nous sommes descendus du taxi, nous engageant dans l'allée. Les pavés étaient légèrement glissants et l'air était chaud et humide, comme s'il venait de pleuvoir. La rue était bordée de modestes échoppes collées les unes sur les autres. Nous n'avons parcouru qu'une courte distance avant de nous arrêter devant une petite maison de bois prise en sandwich entre les autres immeubles. Son toit recourbé était couvert de tuiles brunes cylindriques, ses fenêtres étaient treillissées de bois foncé. Un mur de pierre peu élevé partait de chaque côté d'une porte de bois ciselé ; quelques branches touffues débordaient à l'extérieur.

« C'est l'une des plus anciennes *ryokans* de la ville, a dit Ayame. Elle est dirigée par les membres de ma famille depuis de nombreuses générations. Mais elle est petite. Seulement 11 chambres et l'appartement de mes parents. »

Nous sommes entrés dans un modeste hall dont le carrelage était en ardoise. Plusieurs paires de chaussures étaient alignées le long d'un mur. Derrière, une marche menait à la réception. Plusieurs paires de pantoufles crème étaient empilées d'un côté de la marche.

« Je vous en prie, a dit Ayame, mettez vos chaussures ici et trouvez des pantoufles à votre taille. »

Nous nous sommes déchaussés, avons enfilé des pantoufles et avons avancé vers le bureau de la réception. Un homme et une femme sont alors entrés dans la pièce. « Mes parents », a annoncé Ayame.

Il y a eu nombre de saluts et de sourires pendant les présentations, Ayame faisant office d'interprète alors que nous tentions les uns les autres de nous dire bonjour. Finalement, le père d'Ayame s'est tourné vers elle et lui a parlé d'une voix grave.

« Oh oui, a dit Ayame. Mon père me rappelle que vous avez fait un long voyage, que vous avez eu une matinée difficile et que vous devez avoir besoin de repos. Je vais vous conduire à votre chambre. »

M'ÉTENDANT SUR UN FUTON BAS, je n'arrivais pas à croire à quel point je me sentais plus détendu qu'il y avait à peine une heure. Ayame m'avait montré ma chambre et puis l'*ofuro* des hommes, au bout du couloir, une pièce où se trouvait une baignoire.

« Vous trouverez un peignoir à l'intérieur, ainsi que des serviettes et des articles de toilette sur une petite étagère près de la porte. Prenez d'abord une douche et plongez-vous ensuite dans la baignoire aussi longtemps que vous le souhaitez. Je vais placer une note sur la porte pour indiquer que la pièce est occupée. »

La pièce était petite – le plancher était recouvert de tuiles blanches, les murs lambrissés étaient équipés de trois douches à main. Il y avait devant chacune un tabouret de bois et un seau. Dans le coin le plus éloigné de la porte se trouvait une cuve thermale carrée faite en bois. Les parois de la cuve s'élevaient à environ 30 centimètres du sol, mais il était clair qu'elle était beaucoup plus profonde. La pièce était chaude et humide, et une agréable odeur citronnée flottait dans l'air. J'ai découvert plus tard que c'était de l'*hinoki*, le cyprès japonais. On dit que l'huile qu'il contient renferme de grandes vertus thérapeutiques.

Quelques minutes plus tard, je me suis plongé dans la baignoire. L'eau m'arrivait pratiquement au menton. Je me suis appuyé sur la paroi de bois et j'ai respiré profondément. Une vapeur odorante montait de l'eau chaude. La chaleur me piquait légèrement la peau, mais je sentais qu'elle dissipait la tension de mes épaules et de mon dos.

Il n'y avait pas de doute, c'était un voyage étrange. Il était troublant et fatigant, mais il me faisait également éprouver des difficultés moins évidentes. Je savais que les notes d'accompagnement des talismans ne s'adressaient pas particulièrement à moi, que Julian les avait composées pour son propre usage. Mais il m'avait suggéré de les lire et m'avait donné un journal dans lequel consigner mes pensées. Il avait dû prévoir que ces notes me toucheraient.

Le premier talisman : l'authenticité. Être fidèle à soi-même. Le concept m'agaçait et je commençais à comprendre pourquoi. Quelque chose dans ma vie n'allait pas très bien. Et cela allait plus loin que la déception que j'avais infligée à Annisha et Adam. Pour régler ce problème, il me faudrait faire plus que m'excuser, rentrer à temps pour dîner à la maison et assister à plus d'entraînements de soccer. Je commençais à capter la profonde insatisfaction expliquant sans doute mes lacunes en tant que père ou mari. Mais ce sentiment ne venait pas d'Annisha ou d'Adam, mais de ma propre vie.

C'était comme si j'avais pris toute mon ambition et mon énergie et que je les avais canalisées dans une course que je ne souhaitais pas vraiment gagner. J'allais de l'avant, mais pas dans la direction souhaitée. J'adorais l'ingénierie. J'adorais le montage. J'adorais les défis mathématiques. J'adorais la conception technique. Et j'excelle dans ces domaines. Lorsque je travaillais au labo de design, je sentais que mon travail était utile et que ma vie avait un sens. Je n'avais rien à redire de la vente, mais cet univers ne m'inspirait pas la même passion.

Maintenant, étendu dans une chambre tranquille de la *ryokan*, je comprenais mieux ce que pourrait être une vie authentique. Je comprenais qu'il me fallait apporter de sérieux changements à mon existence. C'était une pensée terrifiante, mais j'envisageais ces changements avec un calme surprenant. Comme s'ils appartenaient tous à un avenir lointain.

Ayame avait posé quelques vêtements au pied du futon pendant que je me baignais. Elle avait laissé unc note : « Je les ai empruntés à un ami. J'espère qu'ils vous iront. »

Je me suis levé et j'ai enlevé mon peignoir. Et puis j'ai revêtu une chemise polo de coton souple et un ample pantalon kaki. Il y avait également une paire de chaussettes de sport blanches encore dans leur emballage. Je les ai mises et j'ai de nouveau chaussé les pantoufles. Et puis, j'ai pris mon calepin et un stylo sur la table de nuit et me suis dirigé en traînant les pieds jusqu'à l'autre bout de la pièce.

La chambre était petite, mais claire. Des tatamis couvraient le sol. Les murs blancs étaient rehaussés de lattes de bois foncé qui leur donnaient un peu l'apparence des paravents de papier parant la réception de l'auberge. Il y avait une table basse au pied du lit, flanquée de deux chaises sans pattes – sièges au dossier matelassé, posés directement sur le sol. Derrière se trouvaient une grande baie vitrée et une porte coulissante permettant d'accéder à un îlot de verdure. J'ai ouvert la porte et je suis sorti sur une petite véranda de bois. Même si je pouvais apercevoir le jardin à partir du futon, je n'étais pas préparé à ce qui m'attendait à l'extérieur.

La véranda courait sur trois côtés d'un grand jardin luxuriant. Toutes les chambres donnaient sur cette cour paisible. Au milieu du jardin trônait une grande statue de pierre représentant une pagode de plusieurs étages. Des statues plus petites étaient éparpillées parmi les plantes – plusieurs grues cendrées, un Bouddha et un crapaud peu rassurant. Et, à l'autre bout du jardin, j'ai vu une petite cascade déversant son eau sur une saillie rocheuse. Le gargouillis suggérait la présence d'un bassin en dessous, caché par la végétation. En fait, des feuilles et des branches dissimulaient le sol. Le tronc de chacun de ces arbres délicats était entouré de fougères d'un vert éclatant ; des branches couvertes de fleurs minuscules retombaient gracieusement sur les buissons soigneusement taillés.

Il y avait une chaise pliante en bois tout près de l'endroit où je me tenais. Je m'y suis assis. J'ai posé le calepin sur mes genoux et j'ai fixé l'espace vert pendant de longues minutes.

Le crapaud sculpté semblait sourire de façon sinistre et m'a rappelé le petit crâne grimaçant que j'avais reçu d'Antoine. *Affrontez vos peurs*, avais-je lu sur le parchemin qui l'accompagnait. Eh bien, j'avais déjà fait un certain nombre de choses que je craignais, dont laisser derrière moi ma famille et mon travail pour me livrer à cette chasse au trésor.

D'une certaine manière, j'avais sauté du haut d'une falaise. Mais depuis, je n'avais cessé de geindre et de me plaindre. Je suppose que par « affronter ses peurs », Julian voulait dire qu'une personne devait se montrer positive, sortir de sa zone de confort ; qu'une personne devait se réjouir devant l'inconnu et ne pas sombrer dans l'hystérie. Il n'y avait pas si longtemps, j'étais monté dans un ascenseur pour la première fois en 20 ans. Mais que devrais-je faire d'autre ?

Eh bien, ce que je craignais le plus – perdre ma famille, perdre Annisha, perdre Adam – n'était pas le genre de choses que je souhaitais affronter. Et je ne crois pas que c'est ce que suggérait le texte de Julian. Mais je ne pouvais m'empêcher d'y voir de l'ironie. Ce que je craignais le plus se manifestait dans ma vie malgré toutes mes précautions, précisément parce que j'étais passif. Peut-être que si j'avais apporté certains changements comme me l'avait demandé Annisha – refuser une promotion ou deux, changer de poste ou simplement dire non une fois de temps en temps, bref ce que j'avais trop peur de faire –, je ne me trouverais pas en pleine crise. Et si je creusais un peu plus ? Qu'est-ce que je voulais vraiment accomplir, mais qui me terrorisait ? Je commençais à comprendre qu'affronter mes peurs pourrait bien rendre ma vie moins terrifiante à long terme.

Alors que j'achevais de consigner ces pensées, j'ai entendu que l'on cognait doucement à la porte de ma chambre. Ayame m'annonçait qu'elle avait reçu mon sac.

« En passant, a-t-elle dit, avez-vous vérifié vos messages ? Je viens de remarquer que Julian m'a envoyé votre itinéraire des prochains jours. Ce voyage des plus inhabituels se poursuit, c'est certain. Veinard. »

LE DÎNER A ÉTÉ LONG ET RAFFINÉ. On m'a fait entrer dans le salon privé des Sato, où les parents d'Ayame m'attendaient. Après un échange de salutations et de sourires, ils m'ont indiqué la table d'un geste. Elle était basse, comme celle qui se trouvait dans ma chambre, et devant chacun des quatre côtés se trouvait un grand coussin de coton blanc. Sur un côté de la pièce, j'ai remarqué une alcôve, tapissée d'un magnifique dessin à l'encre sur rouleau représentant des grues cendrées et des roseaux. Des statuettes et un arrangement floral tout simple étaient posés devant le dessin. Je me suis dirigé vers le coussin qui faisait face à l'alcôve – j'ai pensé que le coup d'œil serait agréable –, mais Ayame a secoué la tête doucement et m'a guidé vers le côté opposé.

« Il est considéré comme immodeste de faire asseoir un invité devant le *tokonoma*. Cela pourrait être associé à de la vantardise – ce serait comme dire : « Regardez comme nous avons de jolies choses ».

– Je vois », ai-je dit.

J'ai dû avoir l'air déçu, car Ayame a ajouté : « Je vous permettrais de vous asseoir là, mais cela rendrait mes parents très mal à l'aise. J'espère que vous comprenez. »

Lorsque tout le monde a été assis, une jeune femme est entrée avec un plateau de serviettes chaudes et humides.

« Des *oshiboris*, a dit Ayame. Pour vous nettoyer les mains. Mais ne vous en servez pas comme d'une serviette de table occidentale. Vous ne devez pas l'utiliser pour vous essuyer la bouche ou le visage. »

Lorsque le premier plat a été servi, Ayame et ses parents ont dit, à l'unisson : « *Itadakimasu.* »

« Cela veut dire : « Je reçois humblement », a expliqué Ayame. Nous commençons le repas par ces mots et nous le terminons avec le terme *gochisosama-deshita*, qui signifie : « Merci pour ce bon repas ».

Le repas s'est terminé tard dans la soirée. Au menu, de la soupe, des sushis et des sashimis ; des tempuras et du poisson cuit à la vapeur ; du bœuf grillé et des légumes marinés. Le dernier plat était constitué d'une autre sorte de soupe, légère et claire.

Pendant le repas, Ayame m'a enseigné d'autres règles de l'étiquette japonaise. Elle m'a montré comment tenir les baguettes et m'a expliqué que je ne devais jamais les piquer debout dans mon bol de riz. « Cela rappelle aux gens la façon dont les bâtons d'encens sont plantés dans le sable lors de funérailles. » Elle m'a également expliqué pourquoi l'échange d'une bouchée de nourriture avec un convive à l'aide des baguettes était également considéré comme un geste de très mauvais goût : c'est ainsi que les os d'un mort sont manipulés après la crémation. Et il y avait encore pire : il ne faut jamais saisir quoi que ce soit avec l'extrémité épaisse des baguettes ; ne jamais poser les baguettes pointées vers quelqu'un ; et finalement, ne jamais embrocher les aliments avec les baguettes. Cette dernière règle m'a déçu. Autrefois, c'était pour moi la seule manière de garantir que les aliments se rendent de mon assiette à ma bouche.

J'ai également découvert que mon habitude de tremper le côté riz des *nigiris* dans le bol de sauce soja était considérée comme impolie. Ayame m'a expliqué que le riz absorbe ainsi trop de sauce – c'était vu comme de la gourmandise – et que des grains de riz pouvaient ainsi tomber dans la sauce soja.

Mais la règle qui m'a sans doute le plus fasciné consiste à se servir mutuellement à boire. Lorsque la bouteille de saké a été posée sur la table, Ayame en a versé pour moi et ensuite pour ses parents. Elle n'a pas rempli son verre et j'ai donc supposé qu'elle n'en boirait pas. Mais son père a alors pris la bouteille et a versé un peu de saké dans le petit verre de porcelaine qui se trouvait devant sa fille. Un peu plus tard, la mère d'Ayame a rempli les verres de tout le monde, sauf le sien. Cette fois, Ayame a pris la bouteille de saké et en a offert à sa mère. Au troisième service, j'ai regardé Ayame en haussant les sourcils.

« Ah ! vous avez donc remarqué ! a-t-elle dit. Les Japonais considèrent que l'hospitalité requiert que le verre de leurs invités ne soit jamais vide, mais aussi qu'il est impoli de remplir le sien. Il faut attendre qu'on s'aperçoive que votre verre est vide et qu'on le remplisse pour vous. » J'ai pensé à Annisha et à Adam, et aux repas que nous avions l'habitude de partager. Annisha serait morte de soif si elle avait dû attendre que je remarque son verre vide.

Après le dîner, Ayame a proposé que nous fassions une promenade dans le quartier. Les rues étaient sèches, mais une humidité étouffante flottait dans l'air.

« Merci de m'avoir expliqué les règles de savoir-vivre à table », ai-je dit alors que nous descendions une rue couverte de pavés ronds. « Si je pouvais passer davantage de temps ici, je prendrais certainement le tour de main. » L'itinéraire que m'avait envoyé Julian précisait que je devais reprendre l'avion le surlendemain, à destination du Mexique. J'avais d'abord pensé réserver un autre vol, plus tôt, mais avec toutes les gentilles attentions dont me gratifiait Ayame, une telle requête m'apparaissait maintenant un peu grossière.

« J'ai été heureuse de le faire. En fait, ces codes comportementaux me fascinent. Comme Julian vous l'a peut-être dit, j'ai beaucoup voyagé et j'ai toujours prêté attention, partout où je suis allée, à toutes ces coutumes non dites, à ces ententes tacites quant à la façon de faire les choses.

– Vous êtes nettement plus observatrice que moi, ai-je dit. J'ai seulement remarqué à Istanbul qu'Ahmet ne touchait jamais rien avec sa main gauche.

– Dans de nombreux pays, une main en particulier n'est utilisée que pour effectuer des besognes salissantes. C'est pourquoi on ne touche pas à la nourriture ou à une autre personne avec cette main. »

C'était probablement l'explication, ai-je pensé.

« Ce qui est intéressant, a dit Ayame, c'est que les règles que l'on nous a inculquées nous semblent naturelles, évidentes et même logiques. Ce n'est que lorsqu'on commence à voir notre comportement par le biais d'une autre culture que nous nous interrogeons sur nos coutumes.

« Par exemple, j'ai lu que la tradition de se serrer la main était à l'origine un moyen de montrer que l'on n'avait pas d'arme et que, donc, on n'avait pas l'intention de faire du mal ou de blesser la personne que l'on accueillait. Donc aujourd'hui, pourquoi dois-je tendre la main lorsque je vais à un congrès à New York ? Est-ce que je veux réellement montrer que je ne transporte pas un poignard ? »

Cela m'a fait rire.

« Mais l'origine de certaines coutumes n'a pas tellement d'importance. Le savoir-vivre, les manières et les règles servent avant tout à faciliter les interactions entre humains. Nos comportements communs nous mettent à l'aise ; ce sont des moyens de montrer que nous nous respectons les uns les autres. Ils influent sur les sentiments d'autrui. Nos comportements quotidiens véhiculent nos croyances les plus profondes.

– Mais c'est parfois déroutant, ai-je dit. Pensez au geste qui consiste à ouvrir la porte à une femme. Il y a eu une époque où aucun gentilhomme n'aurait franchi une porte devant une femme. Il lui fallait la tenir ouverte et attendre que la femme passe avant de la franchir lui-même. Mais je ne suis pas si certain que je dois encore faire ça.

– Oui, c'est l'une de ces règles qui ont changé en Occident. C'était un témoignage de respect, n'est-ce pas ? Mais certaines femmes ont commencé à avoir le sentiment que cette habitude était condescendante, qu'elle laissait entendre qu'elles étaient faibles, qu'elles avaient besoin d'aide pour un geste aussi machinal qu'ouvrir une porte. Et soudain, il n'a plus été clair que cette coutume était un gage de politesse.

– Maintenant, je m'efforce d'ouvrir la porte à tout le monde, ai-je dit. Ainsi, je ne fais pas de discrimination.

– C'est une solution, a acquiescé Ayame. En fait, la dernière fois que je suis allée à Los Angeles, j'ai remarqué que parfois les hommes ouvrent la porte aux femmes, et parfois les femmes l'ouvrent aux hommes, ou à d'autres femmes. On dirait que de nombreuses personnes ont repensé cette règle de savoir-vivre. »

Nous nous promenions dans le quartier depuis une bonne demi-heure. Les rues étaient jolies dans l'obscurité.

Des lumières brillaient à travers les stores en papier de riz de certaines maisons, des lanternes dorées étaient suspendues à l'extérieur d'autres habitations, la lune miroitait sur les toits de tuiles émaillées de quelques immeubles.

Nous nous sommes engagés dans une petite allée, et j'ai constaté que nous nous trouvions à l'autre extrémité de la rue où se trouvait l'auberge. J'étais épuisé, mais pas vraiment certain que j'arriverais à dormir. Néanmoins, j'étais impatient de regagner ma paisible petite chambre.

Alors que nous entrions dans le hall de la *ryokan*, Ayame a dit : « Permettez-moi de vous donner le colis de Julian dès ce soir. » Elle s'est dirigée vers une porte à l'autre bout du hall. Je l'ai suivie et me suis encore une fois retrouvé sur la véranda de bois, surplombant le jardin. Quelques lampes étaient suspendues à la corniche et un petit projecteur éclairait la fontaine ; d'autres encore dardaient les statues de leurs rayons. Le jardin semblait appartenir à un autre monde, il paraissait magique.

« Assoyez-vous, je vous prie », a dit Ayame en m'indiquant un petit banc de teck. « Je reviens tout de suite. » Et puis, elle est disparue dans l'auberge.

Elle est revenue une minute plus tard, tenant un petit paquet à deux mains. Il était enveloppé dans un épais papier fait à la main, attaché avec un cordon de soie. Elle me l'a tendu et je l'ai pris soigneusement. Ensuite, elle m'a regardé et m'a souri.

« Vous savez ce que contient la lettre, n'est-ce pas ? ai-je demandé.

– Bien sûr », a dit Ayame en riant.

De retour dans ma chambre, j'ai dénoué le cordon et déplié l'épais papier marbré. Il y avait un parchemin à l'intérieur, ainsi qu'une minuscule statuette représentant une grue cendrée dorée. Je l'ai tenue debout dans la paume de ma main et je l'ai examinée. J'ai admiré la longue et délicate courbe de son dos, sa tête inclinée, son bec délicat. J'ai refermé la main sur elle et j'ai retiré la pochette de cuir de mon cou. Après y avoir déposé la grue, j'ai ouvert le parchemin et j'ai lu :

Vivez avec bonté

Il est important de se rappeler que tout comme nos paroles sont nos pensées verbalisées, nos actions sont nos croyances matérialisées. Aucune action, aussi petite soit-elle, n'est insignifiante – la façon dont nous traitons quelqu'un détermine notre façon de traiter tout le monde, incluant nous-mêmes. Si nous ne respectons pas autrui, nous ne nous respectons pas nous-mêmes. Si nous nous méfions d'autrui, nous nous méfions de nous-mêmes. Si nous sommes cruels avec autrui, nous serons cruels avec nous-mêmes. Si nous n'aimons pas ceux qui nous entourent, nous ne nous aimons pas nous-mêmes.

Dans toute relation avec les autres, dans tout ce que nous faisons, nous devons faire preuve de plus de bonté que ce que l'on attend de nous ; nous devons être plus généreux, plus positifs que nous ne le croyons possible. Chaque instant passé en face d'un autre être humain est une occasion d'exprimer nos valeurs les plus chères et d'influencer quelqu'un par notre humanité. Nous pouvons rendre le monde meilleur, une personne à la fois.

Il n'y avait pas de doute quant au motif de sélection d'Ayame comme gardienne de ce talisman, ai-je pensé en souriant.

Les 24 dernières heures avaient été des montagnes russes pour moi. La journée avait mal débuté à Paris – ou, du moins, l'avais-je mal entreprise. Je m'étais plaint, j'avais boudé et j'avais fait des histoires. J'avais continué sur cette lancée à l'aéroport d'Osaka et à bord du train jusqu'à Kyoto. Mais cela ne m'avait en rien soulagé. Et reporter le poids de mes frustrations sur autrui n'avait absolument pas allégé mon fardeau. C'était plutôt la gentillesse des autres qui m'avait aidé. Leur politesse et leur bonté m'avaient calmé. Et, d'une manière ou d'une autre, cela m'avait rendu moins dur avec moi-même. Julian avait écrit de sages paroles. Mais Ayame semblait les vivre.

Chapitre six

L'« itinéraire » partiel envoyé par Julian ne me donnait aucun indice quant à la fin de mes déplacements. Ce dernier s'était contenté de m'indiquer mes deux prochaines destinations. Lorsque j'ai regardé les dates, j'ai inspiré bruyamment. Julian ne semblait pas vouloir me faire voyager de gardien en gardien avec beaucoup de célérité.

« Ne vous en faites pas », a dit Ayame d'une voix douce. « Faire ce genre de voyage trop rapidement ne serait pas bon pour votre santé. Il faut que vous puissiez dormir un peu et faire un peu d'exercices partout où vous arrêterez. Je suis certaine que Julian a planifié ce voyage en fonction de vos besoins, non des siens. »

Encore une fois, Ayame m'amenait à voir les choses d'un autre œil. Elle semblait avancer dans le monde avec une grande douceur. C'est ainsi qu'elle réagissait et qu'elle s'attendait à voir les autres réagir. Elle avait probablement raison. Julian pensait à moi. Mais je ne pensais pas à lui.

J'étais impatient de rentrer à cause de mes propres besoins. Je ne me souciais pas de la raison pour laquelle il tenait à récupérer ces talismans, ni de l'urgence de la chose. Si Julian estimait pouvoir attendre le temps qu'il me faudrait pour suivre son itinéraire, alors je le pouvais moi aussi.

LE LENDEMAIN, Ayame m'a accompagné aux temples Kiyomizu et Ryoan-ji, et pendant la soirée, nous avons flâné dans le district de Gion, où les geishas déambulent encore dans les rues en se rendant à leurs rendez-vous. Lorsque je me suis étendu sur mon futon ce soir-là, j'ai éprouvé de la gratitude envers Julian et son itinéraire. Demain, je prendrais la direction d'Oxkutzcab, au Mexique, afin d'y rencontrer Chava Ucan. J'étais déjà allé à Acapulco, avec Annisha, mais jamais à Mérida où j'atterrirais ni ailleurs sur la péninsule du Yucatán. Il m'est venu à l'esprit qu'il ferait très chaud à cette période de l'année au Mexique.

« Vous voyez ? » a dit Ayame le lendemain matin, alors qu'elle me serrait la main à l'aéroport international d'Osaka (aussi appelé aéroport d'Itami). « Pas de poignard ! » Nous nous sommes ensuite inclinés l'un vers l'autre en guise de salut. Ayame s'est redressée, le visage soucieux.

« Jonathan, je vous en prie, essayez de vous rappeler la lettre de Julian. Le rapport que vous établissez avec les autres révèle celui que vous établissez avec vous-même. Vous êtes un homme bon, mais je crois que vous ne vous traitez pas toujours bien. »

La femme de Chava Ucan, Sikina, m'a dit qu'elle me laisserait dormir tout mon soûl. J'avais peu d'espoir, mais lorsque j'ai ouvert les yeux, le soleil mexicain brillait de tous ses feux à travers la fenêtre de la chambre, sa chaleur étant si intense sur ma poitrine que j'ai su que le matin était déjà loin.

Pendant les deux jours que nous avions passés ensemble, j'avais très peu parlé de ma vie à Ayame. Mais son intuition avait semblé lui en apprendre beaucoup sur moi. Maintenant, étendu sur le lit dans la maison de Chava, la chaleur montant du sol couvert de carreaux de terre cuite et irradiant des murs, j'ai pensé à la façon dont j'avais traité les autres au cours de ma vie. Je n'étais pas fier de mon accès de colère à l'aéroport d'Osaka. Ni de ces fois où je m'étais emporté contre un caissier à la banque ou un commis au supermarché. J'ai également pensé à l'impatience dont j'avais souvent fait preuve avec Adam, et à toutes les disputes avec Annisha. J'étais plus souvent discourtois avec mes proches qu'avec des étrangers.

Pourquoi les gens se laissent-ils aller à traiter les membres de leur famille d'une manière dont ils ne traiteraient pas leurs amis – ni même les gens qu'ils ne connaissent pas ? Probablement parce qu'ils supposent qu'ils leur pardonneront. Mais ce n'est pas une excuse. J'étais en train de prendre des résolutions afin de modifier mon comportement envers tous ceux qui faisaient partie de ma vie. Mais il y avait certaines choses que je ne pourrais jamais changer. Comme la façon dont j'avais traité Juan.

J'AVAIS COMMENCÉ À COMPRENDRE que cela ne tournait pas rond pour Juan au bureau pendant un déjeuner de travail avec David et son patron, Sven, peu après avoir quitté le labo.

Sven m'avait demandé ce que je pensais de mon ancien superviseur. J'avais entamé son éloge sur le plan du leadership lorsque Sven avait levé la main.

« Non, non, pas en tant que patron. Je sais que c'est un bon gars. Je veux parler de sa vision, de ses connaissances techniques. Connaît-il son affaire ? Est-il à l'avant-garde ? Du point de vue du développement, sommes-nous aussi progressistes et dynamiques que nous le pourrions ? »

Je trouvais la conversation embarrassante. Pour chaque commentaire positif à propos de Juan, David et Sven fronçaient les sourcils, comme si j'avais donné une mauvaise réponse. Finalement, je n'ai plus dit un mot.

« Écoutez, a dit David, je ne dis pas que Juan n'est pas un type brillant. Et je suis certain qu'il a déjà été un leader dans son domaine. Mais je pense qu'il existe des esprits plus jeunes, toute une nouvelle génération d'ingénieurs et de concepteurs qui peuvent innover. Or ils ont une toute nouvelle approche. »

Plus jeunes, bien sûr. Mais j'ai eu le sentiment que David voulait dire « moins chers ». David était toujours à la recherche d'un moyen de bonifier les résultats de l'entreprise.

Lorsque la serveuse était venue débarrasser la table, mon assiette était encore pleine. Et j'avais la nausée. Juan était l'ingénieur le plus brillant et le plus novateur que je connaissais. De plus, il avait du génie lorsqu'il s'agissait d'amener ses subordonnés à voir les choses sous un jour nouveau, de faire preuve de créativité en résolution de problèmes et d'apporter des améliorations techniques aux produits.

Mais Sven et David ne voyaient rien de tout cela. Il semblait qu'ils s'étaient fait une opinion, et tout ce que je disais pour les contredire me rabaissait dans leur estime. Afin de préserver ma propre carrière, il était clair que je devais cesser de protéger Juan. Et maintenant, à des milliers de kilomètres du bureau, je comprenais que pendant ce déjeuner, j'avais lâchement pris une décision qui, au bout du compte, nous avait coûté extrêmement cher à tous les deux.

JE M'ÉTAIS RÉVEILLÉ au Mexique en pensant à cette scène. En réalité, j'y avais déjà songé à la lecture de la lettre portant sur la « bonté » – et j'avais essayé de la chasser de mes pensées tout au long du voyage entre Osaka et Mérida. Le trajet avait duré plus de 24 heures, avec des escales à Tokyo, Los Angeles et Mexico. Et, pendant tout ce temps, j'avais tenté d'imiter le calme et l'aisance d'Ayame. Et je m'étais contraint à cesser de m'en faire avec le temps. J'ai fait quelques siestes et j'ai cessé de combattre le décalage horaire et la désorientation. J'ai consulté ma messagerie le moins possible.

En atterrissant à Mérida à la fin, selon le calendrier, de la journée même où j'avais quitté le Japon, je me suis senti habité par une étrange nonchalance. Donc, lorsqu'une femme d'âge mûr m'a pris le coude au moment où je sortais de l'aéroport, je n'ai pas sursauté.

Sikina Ucan s'est excusée de l'absence de son mari.

« Il doit se lever très tôt demain matin pour aller travailler. Je lui ai dit que je viendrais vous chercher. Nous avons tous deux pensé que vous auriez également besoin de dormir un peu demain matin. Chava voyagera donc avec un ami et je vous emmènerai sur le site pendant l'après-midi pour que vous fassiez sa connaissance. »

Pendant le long trajet de nuit entre Mérida et Oxkutzcab, Sikina m'a expliqué que Chava était un technicien itinérant qui travaillait avec une équipe effectuant des fouilles dans des ruines mayas à l'extérieur d'Oxkutzcab.

« Il est très excité à l'idée de vous faire visiter ce site archéologique et de vous décrire son travail. » Sikina a ensuite parlé un peu de Chava, d'elle-même et de ses enfants. Elle m'a dit que Chava et elle avaient rencontré Julian plusieurs années auparavant alors qu'il sillonnait le Yucatán, y visitant des ruines mayas et étudiant la culture locale.

« Quel homme merveilleux ! » a dit Sikina en repoussant une mèche de ses longs cheveux noirs derrière son oreille. « Si sage… et si drôle. » Mais elle n'a pas parlé du talisman ni du motif de ma visite.

Je commençais à me rendre compte que Julian avait soigneusement choisi ses gardiens. Chacun semblait avoir un certain lien avec le talisman et sa sagesse. Selon Sikina, Chava voulait partager une partie de sa vie avec moi. J'aurais pu demander qu'il me remette immédiatement le talisman, mais j'ai décidé d'attendre et de voir si j'arriverais à deviner le contenu de la lettre d'accompagnement, la leçon que j'apprendrais auprès de Chava.

Il était environ une heure du matin lorsque nous sommes arrivés à Oxkutzcab. Sikina a garé la camionnette devant une petite maison de stuc rose pâle. À l'intérieur, elle m'a indiqué une porte à la droite de la pièce qui servait à la fois de cuisine et de salle de séjour.

La chambre était petite, mais agréable. J'ai posé mon sac sur le sol et je me suis écroulé sur le lit. Je me suis endormi avant même de me dévêtir.

La chaleur m'avait tiré du sommeil, mais c'est l'odeur alléchante d'un mets riche et savoureux qui m'a fait sortir de la chambre et attiré dans la cuisine.

« Oh, très bien ! » a dit Sikina en s'essuyant les mains sur son tablier. « J'espérais que l'odeur de la nourriture vous réveillerait. Nous devons partir bientôt. » Sikina m'a fait signe de m'asseoir à la petite table poussée dans un coin de sa minuscule cuisine. La table était peinte en jaune vif et les quatre chaises arboraient des couleurs différentes. *Annisha adorerait ça*, ai-je pensé. J'ai tiré la chaise turquoise et me suis assis pendant que Sikina posait une assiette fumante devant moi.

« Des *codzitos*, a-t-elle dit. De petits tacos avec de la viande et une sauce tomate. Et du jus de goyave », a-t-elle ajouté en désignant un grand verre bleu placé devant moi.

C'était délicieux et j'ai regretté d'avoir tant mangé lorsque je suis monté dans la camionnette de Sikina une heure plus tard. Je m'étais lavé et changé, mais avec l'estomac engorgé.

La camionnette a fait un saut brusque en avant lorsque Sikina a engagé la première vitesse. Elle a jeté un coup d'œil à mon visage livide et a souri.

« Bon, nous allons procéder à une brève visite de notre ville pour que votre estomac se replace, avant d'emprunter l'autoroute. »

Sikina a roulé lentement dans les rues d'Oxkutzcab. Nous avons sillonné des quartiers de maisons basses et carrées, certaines blanchies à la chaux et d'autres aux couleurs extravagantes, enfin d'autres, encore toutes simples, en parpaing. Les toits plats étaient faits de tôle ou de tuiles, mais il y avait aussi un certain nombre de petites maisons ovales aux couleurs vives, couronnées d'un toit de chaume.

« Voici une hutte maya traditionnelle », a dit Sikina, en désignant l'une d'elles.

Les rues résidentielles étaient merveilleusement hétérogènes. Des murs bas de pierre ou de ciment bordaient des cours se résumant parfois à un espace sec et vide – et parfois envahies par de luxuriants palmiers, hibiscus et autres plantes et arbustes que je ne reconnaissais pas. Des grilles et des barrières de fer forgé aux motifs complexes alternaient avec des cordes à linge sur lesquelles la lessive se balançait au vent.

Au centre du village, il y avait plusieurs églises, de petits restaurants et des hôtels, ainsi que d'autres édifices peints dans des teintes de terre cuite, de bleu et de jaune. Les rues étaient poussiéreuses et relativement tranquilles : peu de voitures, mais un certain nombre de bicyclettes, de motocyclettes, de piétons et de cuisines mobiles qui se déplaçaient lentement dans la chaleur.

Pendant que nous avancions lentement sur une étroite route asphaltée, les maisons et les immeubles ont peu à peu fait place à un nombre grandissant d'arbres et d'arbustes jusqu'à ce que, une fois la ville derrière nous, de basses collines ondulées apparaissent à l'horizon. « C'est le Puuc, a dit Sikina. Ces collines sont remplies de ruines mayas, petites et grandes. Demain, Chava veut vous emmener à Uxmal. C'était autrefois une ville de plus de 20 000 habitants. Mais aujourd'hui, nous nous rendons dans un lieu plus modeste, tombé dans l'oubli. »

Une demi-heure plus tard, nous avons bifurqué sur une route de terre battue qui semblait longer une petite vallée. La camionnette a cahoté sur une certaine distance, une forêt dense s'élevant de chaque côté de nous jusqu'à ce que nous passions sous une arche de bois sur laquelle un nom était gravé. Nous avons débouché dans un espace dégagé. De nombreuses personnes s'y trouvaient, incluant ce qui ressemblait à un groupe d'écoliers qui se dirigeait vers un édifice bas aux lignes modernes. J'ai aperçu quelques huttes mayas, mais elles aussi paraissaient relativement neuves et très fréquentées. Cela ne concordait pas avec l'image que je me faisais d'un site archéologique.

« Oh, il se passe beaucoup de choses ici », a dit Sikina lorsque je lui ai fait part de mon impression. « Ce site est également une réserve naturelle et un centre de recherche. Sa superficie est de 4 000 acres. »

Nous n'étions descendus de la camionnette que depuis quelques minutes lorsqu'un homme trapu coiffé d'une casquette de baseball et portant un short et de lourdes bottes s'est avancé vers nous à grandes enjambées.

« *Hola*, Jonathan », a-t-il dit.

J'ai souri et je lui ai tendu la main. Chava l'a serrée vigoureusement.

« *¿ Bix a beel ?* Comment allez-vous ? »

Il suffisait de parler avec Chava pendant une minute pour capter sa passion pour l'histoire. Il m'a interrogé sur mon voyage et sur Julian, et il m'a demandé si Sikina m'avait suffisamment nourri. Mais sa voix n'est devenue pleinement vivante que lorsqu'il a commencé à parler de son lieu de travail. Sikina est restée derrière et a rejoint des amis qui travaillaient au bureau de la réserve. Pendant que Chava me guidait vers l'extrémité de la place et les coteaux boisés, il m'a expliqué l'objet des fouilles qu'on effectuait là. Je me suis demandé quel rapport cela pouvait bien avoir avec le talisman, et si cette visite était vraiment nécessaire, mais je commençais à comprendre que mon voyage se déroulerait à un rythme qui lui était propre et que je ne pouvais pas y changer grand-chose.

« Les archéologues ont travaillé ici par intermittence pendant des décennies », a dit Chava pendant que nous nous frayions un chemin dans la végétation, « mais ce n'est qu'au cours des dernières années que nous avons commencé à nous rendre compte que ce site pouvait nous offrir quelques indices sur la chute de l'empire maya».

C'était comme si mon père s'était réincarné dans cet archéologue d'âge mûr. Je me suis surpris à sourire alors que Chava poursuivait son exposé.

Les gens qui parlaient le maya, a-t-il dit, étaient apparus sur la péninsule du Yucatán plus de 4 000 ans auparavant. Pendant les 3 000 ans qui avaient suivi, des villes sophistiquées, très populeuses, avaient été érigées sur tout le territoire. À l'apogée de la civilisation maya, la majeure partie des terres situées entre ces cités étaient couvertes de fermes et de villages. Et tous les grands centres étaient reliés par des routes pavées de pierres à chaux.

Les cités étaient non seulement régies par des systèmes politiques complexes, mais elles étaient également des merveilles architecturales : pyramides et temples qui pouvaient être gravis grâce à une volée de marches, habitations à plusieurs étages, cours intérieures richement ornées et places publiques. Les Mayas, a dit Chava, ont également créé des œuvres d'art stupéfiantes et développé l'un des premiers systèmes d'écriture.

Et leurs grandes connaissances des mathématiques leur ont permis de faire d'importantes percées en astronomie, ce qui est sans doute à l'origine de leur plus célèbre réalisation : le calendrier maya. Les idées de Chava fusaient comme si elles s'inscrivaient dans le cadre d'une conférence soigneusement orchestrée, mais elles semblaient également tissées de fierté personnelle, comme s'il parlait de gens qu'il connaissait et aimait.

Mais quelque part entre 900 et 1000 av. J.-C., a expliqué Chava, 600 ans avant l'arrivée des Espagnols, la civilisation maya a commencé à péricliter. Au cours des 200 ans qui ont suivi, a-t-il poursuivi, avec une pointe de tristesse dans la voix, 90 % de la population a disparu, les cités ont été abandonnées et la grandeur du monde maya est devenue un souvenir. Il n'a fallu qu'un siècle ou deux aux forêts pour envahir les cités, pour que la végétation couvre les monuments et les routes, pour que la population restante se disperse dans la campagne, s'agglutinant dans de petits villages et se cramponnant à une agriculture de subsistance. Ces survivants, a noté Chava, étaient ses ancêtres.

Pendant qu'il parlait, Chava m'a guidé dans la forêt, enjambant des troncs d'arbres et des éboulements de pierres. J'apercevais de temps en temps des travailleurs le long du sentier, l'endroit était loin d'être désert et silencieux. Des oiseaux poussaient des cris rauques et chantaient en descendant en piqué entre les arbres. J'entendais des bruissements de branches et le son de mouvements précipités tout autour de nous. J'ai essayé de me concentrer sur les oiseaux et de ne pas penser aux araignées, aux scorpions et aux pumas.

Chava s'arrêtait de temps en temps pour me montrer des formations de pierres à peine visibles ou un site fraîchement excavé. Il m'a fait faire le tour d'une petite pyramide. Ses murs étaient ornés de marches, comme sur les photographies que j'avais vues de la célèbre pyramide de Chichén Itzá, mais elle ne mesurait qu'une dizaine de mètres. Et puis nous sommes arrivés devant les vestiges d'un édifice disséminés autour de deux murs de pierre.

Le bas des murs était composé de pierres carrées et sur le dessus se trouvaient semble-t-il des colonnes sculptées. « Nous avons ici un palais inachevé, a dit Chava, érigé autour d'une place publique. »

J'ai contourné la base des ruines et j'ai examiné les blocs de pierre.

« Vous dites qu'ils n'avaient pas d'outils métalliques ?

– C'est exact. Uniquement des outils faits de granite, de silex et d'obsidienne. Il n'y a pas de matériaux pour fabriquer du métal dans cette partie du monde. »

J'ai laissé courir ma main sur les fondations.

« Incroyable.

– Voulez-vous que nous fassions une petite pause ? » a demandé Chava en s'assoyant au bout de la place surélevée. Il a sorti une bouteille d'eau de son sac à dos et me l'a tendue. Je l'ai rejoint et j'ai accepté l'eau avec gratitude. Les arbres nous fournissaient un peu d'ombre, mais la chaleur semblait monter du tapis de la forêt et descendre en même temps de la cime des arbres. Ma chemise me collait sur le dos ; mon pantalon était plaqué contre mes jambes.

« C'est ce que j'aime à propos de ce travail, vous savez, a dit Chava. Les mystères. Nous savons que certaines des cités abandonnées ont tout simplement été évacuées par le peuple. Mais la population n'a pas seulement déménagé, elle a disparu. Et les survivants ne sont pas restés dans les grandes cités. »

Chava a poursuivi en expliquant que les scientifiques qui ont étudié des squelettes de Mayas ont dit que les os, même ceux des sujets royaux, laissaient croire que pendant les dernières années d'existence de cette civilisation, la nourriture était rare. Cela pouvait être attribuable à une chasse excessive. Une autre possibilité était une épidémie de peste ou une calamité agricole, peut-être causée par la déforestation.

Mais la cause la plus probable de cette pénurie alimentaire était une longue sécheresse. « Il n'y a pas beaucoup d'eau au Yucatán, même lorsque les conditions sont idéales, a-t-il dit en riant. Et, bien entendu, la maladie, les guerres et autres formes de violence ont aussi très bien pu décimer la population. »

Chava s'est levé et a remis la bouteille dans son sac.

« Mais ici, sur ce site, a-t-il repris, on peut voir quelque chose qu'on ne voit pas souvent lors de fouilles. Venez. » Chava s'est dirigé vers un côté des ruines. La partie principale du mur extérieur était formée d'arches carrées soutenues par des colonnes courtes et circulaires. Mais Chava regardait à terre, devant l'édifice.

« Et ça ? » a-t-il demandé en désignant un assemblage de pierres éparpillées sur le sol. Elles ne formaient pas proprement une structure organisée, mais ne semblaient pas non plus avoir été posées là au hasard.

« D'après vous, qu'est-ce que c'est ?

– Je ne sais pas », ai-je dit en me rapprochant. De petites touffes d'herbe poussaient entre les pierres. Un lézard a détalé dans un coin et est disparu dans un interstice. « C'est une fondation ? Ou une partie de l'édifice qui s'est effondrée ?

– Ceci, mon ami, est un mur. Pas un mur qui s'est effondré, mais un mur qui a été assemblé à l'avance et posé là en attendant qu'on le monte là-haut pour construire un second étage. Il était prêt, mais la construction n'a pas été achevée. On ne voit pas cela sur un site abandonné à cause de la sécheresse ou de la maladie. Ici, les travaux de construction n'ont pas été suspendus – ils ont été *interrompus.* »

Lorsque nous avions entrepris cette petite visite, c'était à mon avis sans but précis – un cours d'archéologie intensif, une immersion dans le monde professionnel de quelqu'un que je venais tout juste de rencontrer. Mais je commençais à voir pourquoi Chava voulait partager tout ça avec tout le monde, pourquoi il voulait parler de son travail à un étranger, pourquoi un travail comme le sien pouvait devenir une véritable passion. Il y avait encore tant de réponses à trouver.

« D'après vous, qu'est-ce qui s'est passé ? a-t-il demandé. Ont-ils été attaqués ou quelque chose du genre ? La guerre ou la violence semble plausible ici, n'est-ce pas ? Nous avons trouvé des fers de lance. Mais pas de bâtiments incendiés ni de murs ou de barricades pour se défendre. Et si c'était une attaque-surprise, eh bien… Venez, je veux vous montrer autre chose. » Chava m'a fait signe de m'éloigner du mur. « Vous sentez-vous capable de grimper encore un peu ? »

Chava a ouvert la marche et s'est engagé sur un sentier sinueux. On pouvait voir çà et là les vestiges d'escaliers dont nous avons emprunté les marches effritées. Chava s'est immobilisé près du sommet de la colline et a mis le cap sur un terrain plat où se trouvaient des pieux et des pierres. Manifestement, des fouilles étaient en cours. La base de plusieurs murs avait été dégagée.

Dans l'une des fosses se trouvait une jeune femme blonde. Accroupie dans un coin, elle enlevait à l'aide d'une petite brosse la poussière d'un objet à moitié enfoui. Dans un autre coin de la fosse, empilement de pierres et de poteries, numérotées et étiquetées.

« Jonathan », a dit Chava au moment où la femme se relevait. « Voici Ellen. Ellen, voici Jonathan. »

Ellen était également technicienne itinérante et elle travaillait avec une équipe universitaire américaine.

« Je parlais justement à Jonathan de nos plus récentes découvertes. Peut-être pourriez-vous lui en dire un peu plus sur ces maisons construites au sommet des collines », a dit Chava. Ellen a hoché la tête et s'est essuyé le front avec un mouchoir qu'elle a pris dans une poche de son pantalon. Comme Chava, elle ne semblait pas avoir besoin d'encouragement pour parler de son travail.

Elle m'a expliqué que j'étais en présence des vestiges d'une préparation de repas. La meule servant à broyer le maïs, non rangée, était appuyée contre le chambranle de la porte. Les pots soigneusement alignés suggéraient que le travail avait été commencé et interrompu. Tout avait été laissé comme si les habitants croyaient revenir bientôt. Ils étaient partis rapidement, mais rien ne laissait croire qu'ils avaient fui, terrorisés. Tout était en ordre ; il n'y avait aucune trace de chaos ou d'attaque.

«Ah ! a soupiré Chava. Nous avons encore beaucoup de travail à faire avant d'élucider ces mystères.

– Parlant de mystères, a dit Ellen, j'espère que vous ne m'en voudrez pas si je m'y remets. J'aimerais bosser encore un peu avant la fin de la journée. »

Chava et moi sommes restés sur la colline encore quelques minutes, contemplant les collines verdoyantes. J'ai regardé Ellen, accroupie dans la fosse. Il n'y avait pas beaucoup d'ombre au sommet, et même si le soleil n'était plus aussi haut dans le ciel qu'au moment de mon arrivée, il faisait encore chaud.

« Il y a une chose que je ne comprends pas », ai-je dit à Chava.

Il a incliné la tête.

« Ce travail, ai-je dit. Les fouilles. Tout semble se dérouler si lentement. Je croyais que l'ingénierie électrique et le design technique exigeaient de la minutie, mais ça… » J'ai fait un geste de la main en direction d'Ellen. « Vous n'avancez que d'un millimètre à la fois. Comment faites-vous ?

– Ah oui, je sais, a dit Chava en souriant. On peut travailler toute la journée, et à la fin de celle-ci, qu'avons-nous accompli ? Nous n'avons déplacé que quelques kilos de sable, n'est-ce pas ? »

J'ai haussé les épaules.

« Il est facile pour les autres de sous-estimer le travail que nous faisons. Les techniciens itinérants américains se qualifient eux-mêmes de "fainéants de la pelle". Mais nous devons sans cesse nous rappeler qu'il ne faut pas précipiter les choses, que nous devons être patients. Pardessus tout, nous devons travailler avec soin, précision et un grand professionnalisme, même si nous nous sentons fatigués ou impatients. Il est si facile d'abîmer des artefacts ou de rater quelque chose. »

Chava s'est dirigé vers la volée de marches abruptes. Il m'a regardé par-dessus son épaule.

« Chaque centimètre soigneusement excavé peut paraître insignifiant, Jonathan, mais toutes ces petites parcelles de terrain, ajoutées les unes aux autres, peuvent conduire à une importante découverte historique, à une réelle acquisition de nouvelles connaissances. J'aime croire que si nous, les "fainéants de la pelle", faisons bien notre travail, nos petites contributions peuvent mener à quelque chose de vraiment important. Nous pouvons en fait élucider de grands mystères. »

En route vers la maison, Sikina a insisté pour que je prenne place du côté de la portière et elle s'est installée entre Chava et moi. J'ai baissé la vitre et, de temps en temps, je sortais la tête comme un idiot de golden retriever. L'air chaud qui me fouettait le visage était merveilleux. Et pendant que nous roulions dans les rues bordées de maisons d'Oxkutzcab, j'ai eu une autre raison de passer la tête par la vitre ouverte – une appétissante odeur de cuisine. J'ai alors su à quel point j'étais affamé, mais il m'est également venu à l'esprit, étant donné que nous avions passé la journée à l'extérieur, qu'il était peu probable qu'un repas nous attende sur la cuisinière.

« J'y pense, ai-je dit à Chava et à Sikina, pourquoi ne vous inviterais-je pas tous les deux au restaurant ? Vous avez passé presque toute la journée à vous occuper de moi.

– Oh non, a dit Sikina. On ne peut pas faire ça. Zama nous attend. »

Il s'est avéré que nous nous rendions chez la fille de Chava et Sikina. Son mari et elle nous avaient préparé un grand dîner.

Cela a été une soirée animée et bruyante. En plus de Zama, de son mari et de leurs trois jeunes enfants, de nombreux voisins se sont présentés pour saluer les visiteurs. Il y avait de la musique. On ne cessait de remplir mon verre et mon assiette était bien garnie. Pendant que les enfants se pourchassaient dans la cour arrière, mon regard suivait Eme, le fils de 6 ans de Zama. Il était un peu plus petit qu'Adam, mais son rire cristallin et son corps sans cesse en mouvement, même lorsqu'il était assis, me rappelaient mon fils.

Quand j'ai eu fini de manger, j'ai traversé la maison et suis sorti sur la route de terre battue, où c'était un peu plus tranquille. J'ai essayé de téléphoner à la maison, mais la réception cellulaire était irrégulière depuis que j'étais au Mexique et j'ai été incapable de faire mon appel. J'ai donc envoyé un message à Adam.

Salut, mon pote, ai-je écrit. *Je vois des choses incroyables ici. Lorsque j'en aurai le temps, je te raconterai tout. Mais pour l'instant, je veux seulement te dire que je t'aime.*

Le message serait acheminé dès que la réception serait rétablie. Entre-temps, j'allais retourner à la fête, mais le cœur n'y était plus.

Chava a semblé remarquer à quel point j'étais silencieux depuis mon retour et, une trentaine de minutes plus tard, il a suggéré que nous partions. Étendu sur mon lit ce soir-là, après avoir consigné dans mon journal mes réflexions sur la famille heureuse de Chava, j'ai été assailli par la nostalgie. J'aurais tellement aimé que mon fils soit couché à côté de moi. Pourquoi n'avais-je pas savouré ces moments lorsqu'ils étaient à ma portée ?

LE LENDEMAIN MATIN, Chava et moi sommes partis avant l'aube. J'avais caressé l'idée de demander à Sikina de me conduire plutôt à l'aéroport de Mérida et de voir si je pouvais trouver un vol pour quitter plus rapidement le Mexique, mais les paroles d'Ayame me sont revenues à l'esprit. Julian semblait régler le rythme de ce voyage pour une raison bien précise. De son côté, Chava semblait vouloir continuer à m'instruire sur la civilisation maya et je me serais senti mal à l'aise d'y mettre soudainement fin. Il avait insisté pour que nous venions ici, à Uxmal, avant le lever du jour.

« Lorsque le soleil se lève, avait-il dit, les gens apparaissent. Il faut que vous voyiez cet endroit seul, ou presque seul. »

Chava avait plusieurs relations parmi les gens qui dirigeaient le site, et un gardien de sécurité avait reçu la directive de nous attendre à l'entrée de l'immeuble qui servait de portail aux temples et aux ruines. Nous pouvions voir son uniforme se détacher sur la porte d'entrée du musée.

Lorsque nous nous sommes approchés, Chava et lui ont échangé quelques mots en maya, et le garde nous a ouvert la porte. Et puis il a tendu la main vers le hall et a dit autre chose.

« Je connais le chemin, a dit Chava. Suivez-moi. »

Dix minutes plus tard, nous étions à l'extérieur. Dans la lumière diffuse s'élevait une magnifique pyramide de plus de 30 mètres de hauteur et d'au moins 60 mètres de largeur. Contrairement à la petite que j'avais vue la veille, ou aux autres temples mayas que j'avais vus sur des photos, celle-ci semblait avoir une base ovale. « C'est la Pyramide du Magicien », a dit Chava.

Le soleil s'est alors levé derrière nous. Ses rayons se sont déposés sur les pierres du temple, leur donnant un éclat doré, comme si un feu énorme avait été allumé à l'intérieur de la pyramide.

Chava s'est tourné vers moi et a dit d'une voix basse : « Extraordinaire, n'est-ce pas ? Et dire que ce sont des hommes qui ont bâti ça. Des hommes ordinaires comme vous et moi, capables de tels exploits, d'une telle excellence. » J'ai hoché la tête, ébahi par ce qui était devant moi.

Nous avons contemplé la pyramide pendant que le ciel s'éclaircissait tout autour. Et puis, Chava s'est mis à marcher en direction de la structure.

« Les touristes n'ont plus le droit de gravir les marches, mais nous avons une permission spéciale. » Mais au lieu de s'engager dans l'escalier qui se trouvait directement devant lui, Chava a contourné la base de la pyramide. J'étais excité à l'idée de monter là-haut. J'étais tout à coup heureux que Chava prenne tant à cœur mon éducation.

« L'autre face est plus propice à la montée », a-t-il expliqué en me guidant vers l'autre côté du temple.

Debout au pied de la pyramide, le mur de pierre s'élevant devant moi, j'ai réellement pris conscience de sa hauteur. L'escalade serait difficile. Chava a commencé à grimper et je l'ai suivi. Nous avons progressé lentement sur les marches lisses et régulières. Elles étaient abruptes et étroites, et la sensation de monter un énorme escalier à ciel ouvert était déroutante.

Chava m'a raconté que de nombreuses pyramides avaient des chaînes de métal auxquelles se tenir pour monter. Je comprenais pourquoi. J'étais en sueur lorsque nous sommes arrivés au sommet, comme si je venais de courir un marathon.

« C'est ici qu'on a la meilleure vue d'Uxmal, a dit Chava. Assoyez-vous, reposez-vous, regardez. »

Chava a posé son petit sac à dos sur le sol et s'est accroupi sur ses talons. J'ai fait de même.

Le site d'Uxmal s'étendait sur des centaines d'acres. La majeure partie des vestiges de l'ancienne cité était encore recouverte par la végétation. On pouvait deviner l'ancien emplacement de rues et d'édifices à des étendues plates et à quelques remblais çà et là. Cependant, directement sous nous, se trouvait une série de ruines pierreuses.

Chava m'a raconté que lorsque la ville d'Uxmal était habitée, les maisons étaient dispersées sur une superficie beaucoup plus grande que ce que je voyais maintenant devant moi. Il m'a indiqué une autre pyramide, à moitié dissimulée par la végétation, que l'on appelait la Grande Pyramide, et il m'a décrit les autres structures que l'on pouvait voir tout autour de nous.

« Connaissez-vous la légende de cette pyramide ? » m'a demandé Chava après avoir fait un bref exposé sur la ville qui s'étendait à nos pieds. J'ai secoué la tête.

« Il y a plusieurs versions, a dit Chava. Selon cette légende, le roi d'Uxmal, il y a très longtemps, avait été averti que lorsqu'il entendrait résonner un certain gong dans la cité, son empire tomberait aux mains d'un homme qui ne serait pas né d'une jeune femme. Et effectivement, un jour, le gong avait résonné, et le roi avait été consterné de découvrir que celui qui l'avait frappé était un jeune nain, né d'un œuf, et dont la mère était une vieille femme sans enfants.

« Le roi avait convoqué le nain à son palais et était sur le point de le faire exécuter lorsqu'il s'était ravisé. Au lieu de lui enlever la vie sur-le-champ, il avait décidé de lui confier une mission impossible. Si le nain réussissait à lui construire un temple magnifique, plus haut que tous les autres édifices de la ville, en une seule nuit, il aurait la vie sauve.

« À son réveil le lendemain matin, le roi avait été estomaqué de découvrir une pyramide majestueuse. La vie du nain avait été épargnée et le temple avait dès lors été appelé la Pyramide du Magicien.

« Dans certaines versions de cette histoire, le nain a lui-même été créé en une seule nuit par la vieille femme. Dans d'autres, il doit accomplir de nombreux exploits et relever plusieurs défis, dont la construction de la pyramide. Mais ce que chaque version a en commun, c'est que cette structure extraordinaire a été érigée en une seule nuit. »

Chava a sorti deux bouteilles d'eau de son sac. Il m'en a tendu une et puis a bu une gorgée et s'est essuyé la bouche avec le dos de sa main.

« C'est peut-être à cause du travail que je fais, a-t-il poursuivi, mais cette histoire me ravit. Elle nous en dit beaucoup sur nos rêves, nos désirs. Que souhaitait le roi ? Non, ce n'était pas nécessairement un temple splendide. Il aurait pu demander à ses sujets de lui en construire un n'importe quand. Ce qu'il voulait, c'est que cette remarquable création se fasse en une nuit !

– Je suppose que rien ne change, ai-je dit en riant. Tout le monde est impatient de tout avoir.

– Oui, exactement. Mais c'est tout simplement impossible, n'est-ce pas ? Après tout, le fait que le nain ait mené à bien la mission confiée par le roi prouve, en fait, qu'il est un magicien. Le commun des mortels n'a pas le pouvoir de créer une véritable merveille en un instant. Nous devons faire preuve de patience. Nous devons construire lentement, une brique à la fois. Et même si nous

aimerions réaliser de grandes choses rapidement, ce n'est tout simplement pas ainsi que fonctionne notre monde. Le génie est un processus. »

Chava avait posé son sac à dos sur ses genoux et fouillait à l'intérieur. Après quelques secondes, il en a sorti une petite pochette de toile et me l'a tendue.

« Dois-je l'ouvrir maintenant ? » ai-je demandé. Chava a acquiescé.

La pochette rouge était fermée avec un bout de corde. J'ai défait le nœud et j'ai versé le contenu de la pochette sur mes genoux : une lettre et un petit objet d'argile rouge. Je l'ai pris et je l'ai examiné. On aurait dit une pyramide miniature.

J'ai déplié le parchemin et j'ai lu :

Faites de petits progrès chaque jour

La façon dont nous accomplissons les petites choses détermine la façon dont nous faisons tout. Si nous nous acquittons bien de petites tâches, nous excellerons dans les grandes. La maîtrise devient alors notre façon d'être. Mais plus important encore, chaque petit effort s'ajoute au suivant et, brique après brique, on peut ainsi créer des choses magnifiques. Une grande confiance s'installe alors en nous et nous pouvons concrétiser des rêves hors du commun. Le véritable sage sait que les petites réalisations quotidiennes se traduisent avec le temps par des résultats exceptionnels.

Le soleil était beaucoup plus haut dans le ciel qu'au moment où nous étions montés. Sa chaleur commençait

à me peser. J'ai essuyé la sueur sur mon front avec un coin de ma chemise. Chava s'en est rendu compte et s'est levé immédiatement.

« Je suis désolé de vous avoir gardé ici aussi longtemps. Je sais que vous n'êtes pas habitué à ces températures. Allons-y. Je veux vous montrer encore une chose en descendant. »

Nous avons amorcé la descente que j'ai trouvée plus difficile que l'ascension. Les marches lisses, escarpées et étroites, et la place tout en bas, m'ont fait voir à quelle altitude nous nous trouvions, et comprendre que je n'avais rien à quoi m'agripper pour éviter de glisser et de dégringoler. J'ai été soulagé lorsque Chava m'a conseillé de ne pas me pencher en avant et de plutôt descendre de côté. Chava ouvrait la marche. Il s'est finalement arrêté devant une grande porte voûtée qui s'ouvrait sur l'un des côtés de la pyramide.

« Ceci *(avec un geste ample de la main en direction de la porte)* est ce qu'il y a d'ironique dans la légende ; du moins tel est mon avis.

– Vraiment ?

– Cette pyramide est censée avoir été bâtie en une nuit, mais rien n'est plus loin de la vérité, a dit Chava. Il a plutôt fallu des centaines d'années pour la construire. En fait, elle a été bâtie et rebâtie. Cinq fois ! Et chaque fois, la nouvelle pyramide était érigée au-dessus de l'ancienne. Mes ancêtres croyaient que le nouveau temple se trouvait ainsi imprégné de la puissance et de la grandeur accumulées par son prédécesseur. Cette porte n'est qu'un des vestiges

de l'une des premières pyramides. Ce que vous voyez tout autour a été ajouté plus tard.

– Ouah ! » ai-je dit. J'ai admiré les sculptures représentant des créatures mythiques, ou peut-être des dieux mayas, qui bordaient l'embrasure de la porte. Les motifs et les détails relevaient d'un grand talent artistique. Il y aurait eu effectivement de la magie si tout ça avait été réalisé en quelques mois ; alors imaginez en une seule nuit.

« Hier, je vous ai dit que j'espérais que mon travail nous permette de comprendre ce qui a causé le déclin de l'empire maya, a dit Chava. Mais c'est plutôt la naissance de cette civilisation qui m'intéresse, comment elle est apparue. Vous croyez que les fouilles archéologiques représentent un travail colossal, mais la création d'une civilisation, la construction de vastes cités, de ces pyramides que vous voyez – voilà un travail colossal qui exige énormément de temps. »

J'ai hoché la tête et nous sommes restés silencieux pendant une minute.

« Il est bon de se rappeler cela, a doucement dit Chava. Tout grand rêve commence par un petit rêve. »

C'EST CHAVA qui m'a reconduit à l'aéroport de Mérida le lendemain. Le trajet a duré presque deux heures et, après avoir bavardé tout au long de la première demi-heure, nous nous sommes tus. J'ai sorti mon téléphone, mais je ne captais toujours pas de signal. J'ai commencé à faire défiler mes photos. Je me suis arrêté à un cliché représentant Adam dans son uniforme de soccer, le pied reposant maladroitement sur un ballon.

Chava y a jeté un coup d'œil. « Vous avez le mal du pays, a-t-il dit.

– Ouais

– Mais vous rentrez chez vous, Jonathan, a-t-il dit après un moment. Vous rentrez chez vous. »

Nous avons traversé la petite ville de Ticul et longé des terres agricoles peu fertiles et des pâturages rocailleux. Nous avons gardé le silence encore un moment avant que je sorte mon journal de mon sac à dos. J'ai tourné les pages jusqu'à la dernière entrée. J'avais consigné mes réflexions sur mon voyage, les talismans et les lettres, comme me l'avait demandé Julian. Je ne savais pas trop quoi penser du dernier parchemin.

Finalement, Chava a jeté un coup d'œil au calepin posé sur mes genoux et a dit : « Est-ce que Sikina vous a parlé de notre fils, Avali ?

– Elle m'a seulement dit qu'il habitait dans la ville de Mexico et qu'il lui manquait », ai-je répondu.

Chava a éclaté de rire. Perplexe, j'ai tourné les yeux vers lui.

« Désolé, a-t-il dit, je n'arrive pas à croire qu'elle n'en ait pas dit plus. Avali est médecin. Sikina est très fière de lui. Généralement, c'est l'une des premières choses qu'elle dit aux gens.

– Je peux comprendre qu'elle soit fière de lui », ai-je dit.

Après un moment de silence, Chava a repris la parole.

« Lorsque Avali avait 8 ans, il m'a dit : "Papa, je veux devenir médecin et aider les gens malades. Comment on fait ?" Que pouvais-je lui dire, Jonathan ? Ni Sikina ni moi ne sommes allés à l'université. La plupart des membres de ma famille n'ont même pas fréquenté l'école secondaire. Et ce n'est pas tout. Aucun d'entre nous n'a jamais quitté le Yucatán. Je n'avais aucune idée de la façon dont on devient médecin. Mais devant moi se trouvait le petit Avali, rempli d'espoir, et j'ai compris que je savais une chose.

« Je l'ai assis sur mes genoux et je lui ai dit : "Mon fils, voici ce que tu vas faire pour commencer. Demain, tu iras à l'école et tu écouteras tout ce que dira le professeur. Et tu t'appliqueras comme tu ne l'as jamais fait. Et puis, tu rentreras à la maison et tu me raconteras tout ce que tu as appris." »

Un léger sourire flottait sur les lèvres de Chava, comme s'il revoyait son jeune fils devant lui. Il a hoché la tête tout doucement, et puis a continué de parler.

« C'est ce qu'il a fait. Réussis chaque examen, fais bien chaque devoir, lui ai-je dit, et tu seras sur la bonne voie pour devenir médecin. Aucun d'entre nous ne connaissait la voie qui menait à la concrétisation de son rêve. Nous nous sommes donc concentrés sur une étape à la fois. Et alors qu'il grandissait, nous avons parlé à tous ceux que nous connaissions – les archéologues et les chercheurs sur les sites où je travaillais, les infirmières et les médecins à l'hôpital, et même à des touristes que nous avons rencontrés dans les ruines ou en ville.

« Lentement mais sûrement, Avali, Sikina et moi avons pu déterminer le cheminement requis. Et avant même que nous nous en rendions compte, Avali était diplômé de l'université nationale autonome du Mexique.

– Les petites réalisations quotidiennes se traduisent avec le temps par des résultats exceptionnels, n'est-ce pas ?

– Le plus petit geste est toujours préférable à la meilleure des intentions, a dit Chava. Et les résultats sont toujours plus éloquents que les mots. »

Comme les autres gardiens, Chava comprenait clairement, et *vivait*, la sagesse du talisman qu'il avait conservé. Il la voyait dans son travail, il la voyait dans son fils. Mais comment pourrait-elle s'inscrire dans ma vie ? Je ne savais pas quelle grande réalisation je devrais m'efforcer de viser, vers quels accomplissements – quels rêves – effectuer de petits pas. J'y avais toujours pensé comme à un poste de chef d'entreprise, ou à une immense maison, ou même à une Ferrari. Comme celle que possédait autrefois Julian. Mais maintenant, je n'en étais plus certain. Ce n'est qu'en arrivant à l'aéroport que j'ai griffonné quelques mots dans mon journal. Je commencerais par faire 20 pompes demain matin. Ce serait mon point de départ.

J'AI TROUVÉ ÉTRANGEMENT DIFFICILE de dire au revoir à Chava. Sikina et lui me rappelaient tellement mes parents. Et je me suis rendu compte que j'aurais aimé passer davantage de temps avec eux et leur famille. Peut-être ne me serais-je pas senti ainsi si je m'étais apprêté à rentrer directement à la maison. Mais je me lançais encore une fois dans l'inconnu – Barcelone, cette fois.

À l'intérieur de l'aéroport, j'ai réussi à capter un signal cellulaire. J'ai téléphoné à Annisha, mais je n'ai obtenu que sa boîte vocale. J'ai décidé d'envoyer un autre message à Adam et Annisha à propos de mon séjour au Mexique, mais lorsque j'ai ouvert ma boîte de réception, j'ai remarqué un message de Tessa. Bizarre. Nous ne travaillions sur aucun projet ensemble.

Bonjour Jonathan,

J'ai parlé à Nawang aujourd'hui. Je voulais savoir quand tu reviendrais. Elle m'a dit qu'elle l'ignorait. Elle pense même que tu pourrais ne pas revenir. Je n'arrive pas à croire à quel point cela m'a bouleversée. Et cela m'a fait réfléchir. Je ne sais pas trop comment te dire ça, et je n'irai donc pas par quatre chemins. Une rumeur circule au bureau comme quoi tu es sur le point de divorcer. Peut-être est-ce trop tôt pour toi, mais j'ai toujours eu le sentiment qu'il y avait quelque chose entre nous. Si tu ne reviens pas travailler ici, je ne voudrais pas avoir à penser que nous avons raté une occasion de sortir ensemble. Je crois que ce serait bon pour nous deux. Bon, je sens que je m'embrouille. Je voulais seulement que tu saches que je pense à toi.

Tessa

Chapitre sept

J'avais cinq ans la première fois que mon père m'a emmené à un match de basket-ball. Ce n'était pas une partie de la NBA, mais c'est la plus excitante que j'aie jamais vue.

C'était la demi-finale de l'école primaire publique Parkview où mon père était professeur de 6e année. Je connaissais l'école pour y être allé l'été précédent, lorsque mon père avait préparé sa classe pour la rentrée. Ma sœur et moi avions fait du coloriage sur des bouts de papier pendant que papa collait sur les murs des affiches représentant des animaux et des gens que je ne connaissais pas. Il y avait des mots incompréhensibles pour moi sur chacune des affiches. Mais il était clair dans mon esprit que mon père devait être très intelligent pour être capable d'enseigner les mathématiques, la lecture et tout le reste à des garçons et des filles d'un âge aussi avancé que 11 ans.

C'est ce match de basket-ball, toutefois, qui m'a permis d'entrevoir que les talents et responsabilités de mon père transcendaient les dons dont il faisait preuve en classe. J'étais assis à l'extrémité d'un long banc de bois dans un immense gymnase. Des garçons qui paraissaient assez grands et forts pour être des adultes – du moins à mes yeux – occupaient tout le reste du banc. Mon père leur parlait et leur donnait des directives. Et tous ces garçons avaient les yeux rivés sur lui – buvant chacune de ses paroles comme s'il partageait avec eux les secrets de l'univers.

Je ne me rappelle pas le déroulement de la partie. La seule chose qui m'a frappé, c'est la façon dont ma poitrine se gonflait chaque fois qu'il parlait aux membres de son équipe, chaque fois qu'il me regardait et me souriait.

Cependant, lorsque j'ai été en 4e année, ce match était chose du passé, et ma fierté avait fait place à l'inquiétude. Cette année-là, mon enseignante était Mme Higginbottom – une femme qui venait parfois travailler avec un bigoudi oublié derrière la tête. Elle portait des vêtements si mal agencés que même des garçons de neuf ans le remarquaient. Mme Higginbottom n'arrivait à garder le contrôle de sa classe qu'avec l'aide de Mme Dorman, enseignante dans la classe d'à côté, et de fréquentes visites du directeur.

Mais même la menace permanente d'une retenue ou d'une copie ne nous empêchait pas de nous réunir dans la cour de l'école pendant les récréations pour lui trouver des sobriquets, tous plus grossiers les uns que les autres. Mme Higginbottom m'a fait comprendre que les professeurs ne sont pas nécessairement des personnes dignes de respect ; que les professeurs pouvaient souvent être un objet de risée.

J'étais pratiquement certain que mon père n'était pas comme elle – les élèves ne copiaient pas sur leurs voisins dès qu'il avait le dos tourné, ou ne tentaient pas de lui faire croire qu'il avait perdu des travaux qu'ils ne s'étaient jamais donné la peine de lui remettre. Mais je ne pouvais m'empêcher de me poser la question suivante : si Mme Higginbottom avait été reçue enseignante, qu'en était-il des compétences de mon père ?

En 7e année, je ne considérais plus mon père comme un surhomme. Je voyais seulement qu'il avait choisi de passer sa vie avec de jeunes enfants. Mes amis avaient un père médecin ou avocat, conducteur de chariot élévateur ou homme d'affaires. À la fin de la journée, ils rentraient à la maison avec un porte-documents coûteux rempli de dossiers, ou un casque de sécurité blanc jeté à l'arrière de leur camionnette. Mon père, lui, rentrait à la maison avec une pile de cahiers gauchement empilés renfermant un devoir sur « L'Égypte ancienne » et des fiches d'exercices sur les fractions et les décimales.

Et lorsque je suis entré à l'école secondaire, j'en ai eu la certitude : si mon père était professeur à l'école primaire, s'il s'accrochait à ce poste, c'était parce qu'il n'avait pas d'ambition – une carence si marquée qu'il ne se rendait même pas compte de la source d'embarras qu'était sa carrière.

J'ai appris qu'on lui avait souvent proposé un poste de directeur d'école adjoint ou même de directeur, mais qu'il avait toujours décliné ces offres. Voici quel était son raisonnement : il adorait faire la classe – et s'il ne pouvait pas enseigner, il choisirait de faire quelque chose d'entièrement différent. Mais *je* connaissais la vérité : papa était une sorte d'hurluberlu paresseux.

Mais lorsque j'ai moi-même commencé à travailler à temps plein, j'ai fini par comprendre, bien entendu, que mon père ne ressemblait pas du tout à Mme Higginbottom. J'ai compris qu'il adorait vraiment ce qu'il faisait, et qu'il excellait dans son domaine. Mais la question de l'ambition a continué à m'asticoter.

C'est ce à quoi je pensais pendant que Lluis Costa me racontait son histoire.

LLUIS M'AVAIT ACCUEILLI à l'aéroport de Barcelone. Comme Ahmet, il tenait une affichette sur laquelle était inscrit mon nom. Il était probablement au début de la trentaine, mais il avait un air juvénile avec ses cheveux courts, bruns et bouclés. Il portait un veston marine impeccable et un pantalon gris foncé. Sa cravate rouge vif ressortait sur la blancheur de sa chemise.

« *Hola, hola*. Bienvenue, Jonathan, a-t-il dit. Lluis Costa, à votre service. C'est pour moi un grand plaisir de faire la connaissance d'un membre de la famille de Julian. »

Avant même que je puisse répondre, il m'a embrassé sur les deux joues.

« Et maintenant », a-t-il dit en m'entourant les épaules de son bras, « faisons plus ample connaissance devant un bon dîner et une bouteille de vin ».

La familiarité de Lluis m'a légèrement mis mal à l'aise. J'avais apprécié le temps passé avec Ahmet, Ayame,

Chava et Sikina, mais je n'avais pas entrepris ce voyage pour me faire de nouveaux amis. Je voulais seulement récupérer les talismans. Et rentrer chez moi.

Lluis m'a guidé vers la sortie du terminal et jusqu'à une station de taxis. Au lieu de se diriger vers la première voiture en attente, il s'est faufilé jusqu'à la dernière. Il a ouvert la portière arrière et, d'un geste ample de la main, m'a indiqué la banquette comme pour dire *après vous*. Mais je n'ai pas bougé. Le taxi était vide. Désert.

« Lluis, ai-je dit. Il n'y a pas de chauffeur. Le chauffeur du taxi n'est pas dans la voiture.

– Non, bien sûr que non, a dit Lluis. Il est allé à votre rencontre à l'intérieur. Je suis le chauffeur, Jonathan. C'est mon taxi. »

Cela m'a paru bizarre de m'asseoir à l'arrière alors que mon compagnon, chauffeur ou non, s'installait à l'avant, mais Lluis a insisté. Une fois que j'ai été assis, il a ouvert le coffre et y a mis mon sac. Je l'ai vu faire signe à d'autres chauffeurs pendant qu'il contournait la voiture. Lluis débordait d'une joie qu'on ne voit pas souvent chez les chauffeurs de taxi, du moins pas chez ceux de ma ville. Après s'être installé derrière le volant, il s'est tourné vers moi.

« Alors, Jonathan. Êtes-vous déjà venu à Barcelone ? »

Lorsque j'ai fait signe que non, il a hoché la tête. « Ah, vous avez alors de la chance. Vous avez le chauffeur tout indiqué pour vous faire découvrir la ville. Mais tout d'abord, vous devez être fatigué. Je vous ai réservé une chambre dans un superbe hôtel du district d'Eixample. Je vais vous y conduire pour que vous puissiez vous rafraîchir et vous reposer. Je reviendrai vous chercher vers 21 heures et nous irons dîner sur le front de mer. Est-ce que ça vous convient ? »

J'ai dû admettre que Lluis conduisait bien. Il se faufilait dans la circulation avec aisance. Il faisait frais dans la voiture, mais pas froid. La radio diffusait de la musique classique à faible volume. J'ai remarqué une petite boîte suspendue derrière le siège du chauffeur. Elle contenait des mouchoirs en papier, du désinfectant pour les mains et quelques paquets de lingettes humides. Et une pochette accrochée au siège du passager offrait deux piles de dépliants colorés. J'en ai pris un dans chaque pile – une carte touristique de Barcelone et un guide des musées. Je me suis demandé si tous les taxis de Barcelone étaient aussi bien équipés.

Lorsque nous sommes arrivés au centre-ville, Lluis s'est engagé dans une succession de rues étroites.

« Ce n'est peut-être pas le chemin le plus direct, mais c'est le plus pittoresque. J'ai pensé que vous aimeriez avoir un aperçu de l'architecture de cette partie de la ville qui date du 19e siècle. Elle est remarquable. »

Lluis avait raison. Un grand nombre de ces édifices m'ont rappelé les constructions Art nouveau qu'on trouve à Paris et à New York, avec leurs façades de pierres ornementales, leurs balcons de fer forgé et leurs hautes fenêtres à battants.

« Wow ! » ai-je dit, le souffle coupé, alors que nous passions devant une église spectaculaire, toute de flèches et de créneaux.

«Ah, oui! C'est la Sagrada Família, l'œuvre d'Antoni Gaudí, le plus célèbre architecte de Barcelone. Demain, si cela vous intéresse, nous reviendrons. Personne ne devrait quitter Barcelone sans avoir visité cette basilique.»

Nous avons dépassé l'église et tourné au coin de la rue avant de nous arrêter à un feu rouge. Lorsqu'il est passé au vert, Lluis a appuyé tout doucement sur l'accélérateur. Nous n'avions pas encore atteint le milieu de l'intersection lorsque le grondement d'un moteur m'a fait tourner la tête. Un autre taxi qui roulait sur la rue transversale était sur le point de brûler le feu rouge. Il fonçait droit sur nous sans montrer le moindre signe de ralentissement. J'étais certain qu'il allait percuter la portière de mon côté. Mon cœur a bondi et j'ai plongé de l'autre côté de la banquette en me couvrant la tête de mes bras. Et puis, j'ai entendu un crissement de pneus et un horrible bruit de métal froissé. Mais par miracle, notre voiture roulait toujours doucement, quoiqu'un peu plus lentement. J'ai levé la tête et j'ai regardé autour de moi. Lluis rangeait doucement la voiture le long du trottoir, de l'autre côté de l'intersection. Il était tout juste parvenu à éviter la collision avec le bolide. Après s'être immobilisé, Lluis a allumé les feux de détresse et s'est tourné vers moi.

«Est-ce que ça va, Jonathan?» a-t-il demandé.

J'ai hoché la tête. Nous avons tous les deux regardé par la lunette arrière. Le taxi fou avait embouti la calandre d'un véhicule de l'autre côté de la rue transversale. Il y avait des traces de freinage sinueuses sur la chaussée au milieu de l'intersection, là où le taxi avait de toute évidence glissé et dérapé lorsque le chauffeur avait appliqué les freins.

Avant même que je recouvre mes esprits, Lluis s'était précipité hors de la voiture et vers le lieu de l'accident. Lorsque je l'ai rejoint, il avait déjà aidé une femme qui paraissait confuse et une petite fille effrayée à s'extraire de la banquette arrière du taxi accidenté. La femme se tenait la tête et Lluis était penché sur l'enfant et lui parlait. Le conducteur de la voiture que le taxi avait embouti avait réussi à ouvrir sa portière et se tenait debout dans la rue, un peu chancelant. Il avait l'air secoué, mais indemne.

Je me suis penché par la vitre du côté conducteur de l'autre taxi. Le chauffeur était affalé sur le volant. Un filet de sang coulait de son front.

La police et une ambulance sont arrivées quelques minutes plus tard. Le chauffeur du taxi avait eu le temps de reprendre connaissance et essayait d'expliquer à Lluis ce qui s'était passé. Il semblait très jeune et plutôt bouleversé. Finalement, les ambulanciers se sont approchés et ont examiné ses blessures. Lluis et moi nous sommes dirigés vers l'autopatrouille afin de faire notre déposition à la police. Lluis m'a servi d'interprète, et puis nous avons attendu que la passagère du taxi donne sa version des faits. Les ambulanciers lui ont offert d'appeler une autre ambulance afin de la conduire à l'hôpital pour un examen, mais la femme a dit que sa fille et elle allaient bien. Après le départ des secouristes, Lluis s'est encore une fois approché de la dame et lui a parlé doucement. Elle a fini par hocher la tête et Lluis s'est tourné vers moi.

« Je l'ai convaincue de me laisser la conduire à l'hôpital, par mesure de précaution. J'espère que ce petit délai ne vous dérange pas, Jonathan, a dit Lluis.

– Bien sûr que non », ai-je répondu.

LLUIS EST REVENU À LA VOITURE après avoir escorté la femme et sa fille à l'intérieur du service des urgences.

« Je suis désolé que vous ayez dû commencer votre visite de Barcelone de cette façon.

– Je vous en prie, ne vous en faites pas », ai-je dit. Je devais admettre que l'accident m'avait ébranlé, mais si Lluis n'avait pas été mon chauffeur, les choses auraient pu être bien pires.

Vingt minutes plus tard, nous nous rangions devant un immeuble de pierres blanches aux fenêtres en ogive, ornées de jardinières de fonte. Un portier en livrée était posté à l'extérieur d'une grande porte pivotante en laiton. Lluis a garé la voiture à l'emplacement réservé aux taxis et a fait signe à l'homme en descendant de voiture. Il l'a vite contournée afin de m'ouvrir la portière, mais je suis descendu avant qu'il en ait le temps. Lluis a sorti mon sac du coffre.

Comme nous approchions de l'entrée de l'hôtel, le portier l'a salué par son nom et ils ont échangé quelques mots pendant que le portier ouvrait une lourde porte vitrée qui se trouvait à côté de la porte à tambour. Une fois dans le hall, Lluis a fait signe à un porteur qui se dirigeait vers nous et est allé directement au bureau du concierge. Un homme grand et mince était derrière le comptoir et lisait. Lorsqu'il a levé les yeux et a vu Lluis qui s'avançait, il a ouvert les bras et a lancé : « *Bon dia, Lluis !* »

Il a quitté son poste pour embrasser Lluis avant de se tourner vers moi.

« Voici l'invité d'honneur dont je t'ai parlé, Jonathan Landry, un parent de Julian », a dit Lluis.

L'accueil du concierge a été très chaleureux. « J'ai une merveilleuse chambre pour vous, a-t-il dit. Et si je peux faire quoi que ce soit pour vous, n'hésitez pas à me le demander. »

Il m'a tendu une clé et a fait signe au porteur. J'ai dit au revoir à Lluis et j'ai suivi le portier jusqu'à l'ascenseur. Ma chambre se trouvait au 8e étage. J'ai pris une profonde inspiration lorsque les portes se sont ouvertes et je suis entré rapidement dans la cabine avant de changer d'avis.

Lorsque nous sommes arrivés devant ma chambre, le porteur a ouvert la porte, a déposé mon sac et est reparti. C'était une belle chambre, claire et spacieuse, avec de grandes fenêtres qui donnaient sur la rue et un parc au loin. Un énorme vase de tulipes blanches était posé sur la table près d'une fenêtre et un panier de fruits et de chocolats attendait sur la commode. J'ai retiré mes chaussures, je me suis laissé tomber sur un lit immense et j'ai sorti mon portable.

Lorsque j'avais reçu le message de Tessa, j'avais répondu immédiatement. Pas à Tessa, mais à Nawang. Qu'est-ce qu'elle disait à tout le monde ? *Bien sûr que je vais revenir*, avais-je écrit. *La réception n'est pas toujours bonne, mais je consulte ma messagerie aussi souvent que possible. S'il te plaît, tiens-moi au courant de tout problème ou développement. Je ferai de mon mieux pour te répondre dans les meilleurs délais.*

Pendant le vol depuis Mexico, j'avais relu le message de Tessa à plusieurs reprises. Il m'avait secoué et m'avait fait oublier le mal du pays. Tout d'abord, ce message avait réveillé mon inquiétude à propos de mon travail. Nawang se servait-elle de mon absence pour s'approprier mon poste ? J'avais toujours eu le sentiment que je pouvais lui faire confiance, mais avais-je été naïf ? Ou était-ce ainsi que David me rendait la monnaie de sa pièce parce que je l'avais mis dans l'embarras ? Faisait-il croire à mes clients que c'était maintenant Nawang qui était responsable ?

Alors que toutes sortes de pensées paranoïaques assiégeaient mon esprit, je me suis rappelé les paroles de Julian : *Si nous nous méfions d'autrui, nous nous méfions de nous-mêmes.* Peut-être devais-je rester vigilant, mais je savais que de m'inquiéter outre mesure ne me ferait aucun bien. Et je n'aimais pas du tout l'état d'esprit dans lequel cela me mettait.

Toutefois, le message à caractère personnel de Tessa était encore plus déconcertant. Il y avait effectivement eu quelque chose entre elle et moi au cours des derniers mois. C'était l'une des choses qui m'avaient ragaillardi lorsque les temps étaient difficiles. Après une dispute avec Annisha ou une nuit solitaire dans mon appartement, j'entrais dans le bureau de Tessa et elle me souriait. Mais tout cela était toujours resté abstrait. Et maintenant, Tessa en faisait quelque chose de concret, de réel.

LORSQUE JE SUIS DESCENDU dans le hall à 21 heures, j'ai immédiatement repéré Lluis, toujours tiré à quatre épingles. Debout près de la porte, les mains derrière le dos, il se balançait doucement sur ses talons. De toute évidence, il m'attendait, mais le léger sourire qui flottait sur ses lèvres montrait bien qu'il ne s'en formalisait pas.

Son taxi était garé devant les portes de l'hôtel. Cette fois, il m'a invité à m'asseoir à l'avant et nous avons bavardé gentiment.

« C'est dommage que vous ne puissiez pas rester plus longtemps dans cette ville fantastique, a-t-il dit. Il y a tant à voir. Je dis toujours que c'est une ville hautement artistique. »

Nous nous dirigions vers une partie de la ville beaucoup plus ancienne. Les rues étaient de plus en plus étroites et sombres.

« Vraiment ? ai-je dit.

– Oh ! Je sais, lorsque les gens pensent à des artistes exceptionnels, les villes de Florence, de Rome et de Paris leur viennent tout de suite à l'esprit. Ils pensent à la Galerie des Offices, à la chapelle Sixtine ou au Louvre. Mais Barcelone est le berceau d'innombrables artistes du siècle dernier : Joan Miró, Salvador Dalí, Pablo Picasso. Et, bien entendu, le brillant architecte Antoni Gaudí. Tous des génies. »

Je voyais bien que Lluis avait le vent en poupe. Nous étions maintenant dans la vieille ville. La patine des ans se voyait sur chaque édifice et ruelle de pavés ronds.

Certaines rues étaient si étroites que j'avais l'impression que la voiture n'y passerait pas, mais Lluis, sans cesser de parler, la main gauche volant dans les airs, s'y faufilait avec aisance. L'accident que nous avions évité de justesse ne l'avait pas ébranlé.

« Oui, il y a beaucoup d'endroits dans le monde où l'on peut voir les magnifiques œuvres de Picasso. Après tout, il en a réalisé environ 50 000. Mais où ailleurs dans le monde peut-on admirer les toutes premières manifestations de son talent ? Notre musée dédié à Picasso possède ses œuvres de jeunesse – les croquis et les toiles qu'il a réalisés en Espagne, pendant son enfance. On peut y admirer les études de personnages qu'il a esquissés sous la gouverne de son père. On peut constater l'originalité du regard qu'il avait, même à cette époque. C'est extraordinaire de pouvoir contempler ce qui constitue la genèse de ses futurs chefs-d'œuvre. »

Nous sommes passés devant des églises et une cathédrale, des immeubles bas flanqués de balcons ouvragés en fer forgé et de portes en voûte. Il y avait des boutiques fermées par des panneaux de tôle ondulée couverts de graffitis. Finalement, nous avons quitté ces rues étroites pour nous retrouver sur une grande artère. L'océan est apparu. Des yachts étaient amarrés au port, l'éclat de leurs lanternes scintillant sur l'eau noire.

Des palmiers bordaient la rue et l'air vivifiant de la mer emplissait l'air. « Devant, nous avons la Barceloneta », a dit Lluis, alors que nous nous éloignions du port. Nous avons bifurqué dans une rue transversale, nous détournant de l'eau. Lluis a emprunté plusieurs rues minuscules et s'est finalement arrêté dans une ruelle. « À partir d'ici, nous devons marcher », a-t-il dit.

Le restaurant, petit et intime, était bondé et semblait être surtout fréquenté par des gens du pays. « C'est trop loin de l'océan pour les touristes », a dit Lluis.

J'ai consulté le menu. Il était rédigé en deux langues que Lluis m'a dit être l'espagnol et le catalan. J'ai réussi à reconnaître quelques plats, mais pas suffisamment pour faire un choix. J'ai levé les yeux et j'ai vu que Lluis me souriait. «Aimez-vous le poisson et les crustacés ? » a-t-il demandé.

J'ai hoché la tête.

« Parfait, a-t-il dit. Il est honteux de manger dans un restaurant catalan et de ne pas essayer ses fruits de mer. Puis-je commander pour nous deux ? »

Il a choisi une bisque de poisson, suivie d'une assiette de légumes grillés, de crevettes à l'ail, de calmars croustillants et de mérou cuit à la vapeur. Lluis a commandé du vin et a veillé à ce que mon verre ne soit jamais vide.

Dès que le service a commencé, il a plongé une main dans sa poche.

« Je peux tout aussi bien vous donner ceci dès maintenant. J'ai peur de le perdre. »

Lluis m'a tendu une petite boîte de cuir brun. Elle avait environ 10 centimètres de long et 5 de large. J'ai soulevé le fermoir en laiton et le couvercle à charnières. Couché sur un parchemin plié, se trouvait un pinceau mince et délicat. Fait d'un manche de bois sombre et poli, il était garni de soies fines. Je l'ai saisi entre le pouce et l'index, et l'ai fait tourner doucement. Et puis, je l'ai posé délicatement sur la table et j'ai pris la lettre.

Elle était écrite à l'encre noire, d'une écriture soignée :

Pour vivre pleinement, faites un travail dans lequel vous excellez

Il n'y a pas de sot métier. Tout travail est une occasion d'exprimer nos talents personnels, de créer un art qui nous soit propre et d'exploiter les dons qui nous ont été donnés. Nous devons travailler comme Picasso a peint : avec dévotion, passion, énergie et excellence. Ainsi, notre productivité deviendra non seulement une source d'inspiration pour les autres, mais elle aura aussi un impact : elle fera une différence dans la vie de ceux qui nous entourent.

L'un des plus grands secrets d'une vie merveilleusement épanouie est de faire un travail qui compte. Et d'y atteindre un tel degré de maîtrise que les gens ne pourront détacher les yeux de nous.

J'ai remis le pinceau dans la boîte et j'ai glissé celle-ci dans ma poche. Je mettrais le pinceau dans ma pochette et la lettre dans mon journal en rentrant à l'hôtel.

« Intéressant, n'est-ce pas ? a dit Lluis.

– Oui. Picasso. Du travail génial. Je suppose que c'est pour cela que vous êtes le gardien de ce talisman. C'est à cause de l'intérêt que vous portez à tous ces grands maîtres, n'est-ce pas ?

– (*Lluis a ri.*) Peut-être, mais je ne crois pas que ce soit la seule raison. »

Lluis m'a expliqué qu'il avait fait la connaissance de Julian de nombreuses années auparavant lorsque, par hasard, il était monté dans son taxi à l'aéroport. À cette époque, Lluis travaillait comme chauffeur pour payer ses études universitaires. Julian était de passage à Barcelone et il avait donc demandé à Lluis de lui indiquer ce qu'il devrait faire, ce qu'il devrait voir pendant l'unique journée qu'il passerait en ville. Lluis avait eu tant à dire, tant d'activités à lui proposer et tant d'informations à lui transmettre qu'ils avaient conversé longuement après leur arrivée à l'hôtel. Finalement, Julian avait demandé à Lluis de se joindre à lui pour le dîner.

« J'ai amené Julian dans ce même restaurant, a dit Lluis. Et nous avons gardé contact depuis lors. Je crois que c'est ce qui m'est arrivé depuis cette première rencontre qui a fait que Julian a pensé à moi lorsqu'il a cherché des gardiens pour ses talismans. »

Et tout au long du repas, Lluis m'a raconté son histoire.

Il avait passé son enfance dans un petit village au sud de Barcelone, sur le bord de la Méditerranée. Il avait 14 ans lorsque sa famille était venue s'établir en ville.

« Cela a été toute une aventure : quitter un petit village endormi pour vivre ici. » Lluis a fait un grand geste de la main. « Je sais que ce n'est pas courant chez les adolescents, mais j'adorais les musées. Et l'histoire. Mais pardessus tout, j'adorais les rues. Marcher sur la Rambla et voir une mosaïque de Picasso sur le sol, juste devant moi. Ou tomber sur une sculpture de Picasso, ou sur une église médiévale ou encore sur un reste de mur romain dans le Barri Gòtic. Je sautais sur ma bicyclette et je passais mon temps libre à explorer la ville. »

Lorsque Lluis avait terminé ses études secondaires, sa famille avait longuement débattu de son avenir. Son père, un homme d'affaires, voulait qu'il devienne avocat. Sa mère, dont la famille, comme celle de Chava, n'était jamais allée à l'université, se souciait peu de son orientation tant et aussi longtemps qu'il poursuivrait ses études.

Finalement, l'une de ses tantes avait suggéré qu'il mette à profit ses connaissances et son amour de la ville, et vise un diplôme en tourisme d'accueil.

« Mon père a été déçu. "Tu n'as pas d'ambition", m'a-t-il dit. Il souhaitait vraiment que je devienne avocat, ou du moins que je choisisse une profession libérale. Neurochirurgien, peut-être. Ou orthodontiste.

– Ou ingénieur électricien ?

– Ça aurait fait l'affaire. Mais gérant d'hôtel ? Pour mon père, ce n'était pas suffisant. Propriétaire d'un hôtel, oui. Mais simple employé, non. »

Lluis n'avait pas tenu compte des ambitions de son père. Il s'était inscrit à l'université et avait conduit un taxi pour payer ses cours. Une fois diplômé, il avait obtenu un poste à l'hôtel où je logeais maintenant. Il avait d'abord travaillé comme chef de réception adjoint, puis comme concierge adjoint, et ensuite comme concierge en chef.

« Il n'a pas fallu longtemps pour que je sois promu à la haute direction. Je suis devenu le plus jeune gérant d'hôtel de la ville », se vanta Lluis.

Mais un jour, à la fin d'une très longue journée, Lluis était sorti de l'hôtel et avait vu un vieil ami ouvrir la portière de son taxi à un client. Il avait souri à Lluis et lui avait envoyé la main avant de remonter en voiture et de s'éloigner. C'est le cœur lourd que Lluis avait regardé les feux arrière de la voiture disparaître au bout de la rue.

Ce matin-là, Lluis était arrivé au travail avant le lever du soleil. Et voilà qu'il sortait de l'hôtel au moment où l'astre disparaissait à l'horizon. C'est à peine s'il avait quitté son bureau ; il n'avait pas mis le nez dehors une seule fois. Il avait le sentiment d'avoir passé la journée dans un état d'hibernation. Et pendant tout ce temps, le monde tournait. Des nuages traversaient le ciel, les oiseaux chantaient, les gens se déplaçaient partout dans la ville. La vie éclatait tout autour, mais lui, il était resté au point mort.

« Je ne m'étais jamais senti comme ça lorsque je conduisais un taxi. J'étais toujours plein d'énergie, vivant, je faisais partie du monde. C'est à ce moment-là, debout sur le trottoir, vêtu d'un costume coûteux et de chaussures fraîchement polies, que j'ai pris une décision. J'allais démissionner. Et je ferais le seul travail que j'aimais vraiment. Je redeviendrais chauffeur de taxi. »

Lluis a fait une pause et a pris une gorgée de vin.

« Et vous êtes heureux ? Avez-vous pris la bonne décision ?

– Absolument.

– Votre père est-il toujours aussi déçu ?

– Oh oui. Nous n'en parlons plus, mais il me traite comme si je m'acquittais d'une peine de prison. Et vous savez ce qui est ironique dans tout ça, Jonathan ? Ce qui m'attriste le plus ? Mon père est un homme qui déteste ce qu'il fait. Son propre père l'a obligé à rallier les rangs de l'entreprise familiale lorsque mon grand-père a pris sa retraite. Et mon père a souffert le martyre chaque jour depuis qu'il dirige cette affaire. Il a juré qu'il ne forcerait jamais l'un de ses enfants à y travailler. Il compte les jours qui le séparent de la retraite, et puis il vendra tout. »

Lluis fixait la nappe en secouant la tête. C'est alors que le serveur est arrivé avec le dessert. Après son départ, j'ai reporté mon regard sur Lluis.

« Pourquoi votre père ne se retire-t-il pas dès maintenant ?

– Eh bien, comme vous pouvez l'imaginer, il n'excelle pas dans son travail, car il le hait trop. Cela me fait penser à une blague que m'a racontée l'un de mes clients : Comment fait-on pour amasser une petite fortune dans une économie chancelante ? (*J'ai secoué la tête.*) Il faut commencer par une grosse fortune », a dit Lluis. Nous avons tous deux éclaté de rire. Et puis, le sourire de Lluis s'est effacé.

« L'entreprise ne vaut plus grand-chose maintenant, mais mon père trime dur chaque jour en espérant pouvoir la remettre sur pied et se retirer avec un bon magot. Mais pour l'instant, j'ai plus de chances que lui de devenir riche. »

Nous avons gardé le silence pendant un moment. Lluis a pris une fraise dans sa salade de fruits, mais il l'a aussitôt reposée dans son bol.

« Donc, Julian vous a confié ce talisman parce que vous avez choisi de faire quelque chose que vous aimez ? » ai-je demandé. J'avais l'impression que ça ne collait pas : faire ce que l'on aime revient-il au même que *s'appliquer au travail* ?

« Je ne crois pas que ce soit précisément pour cette raison, a dit Lluis. Je pense que Julian me l'a confié à cause de la promesse que je me suis faite ce jour-là, sur le trottoir. Je savais que mes amis et ma famille mettraient ma décision en doute. Et j'ai décidé que je n'aurais jamais honte de mon travail. J'ai toujours voulu être fier de moi. Et la seule façon d'y arriver était de faire un travail dans lequel j'excellais. »

Lluis m'a regardé et m'a souri.

« Ce jeune chauffeur de taxi qui nous a presque emboutis aujourd'hui ne sait pas bien conduire. Il croit que pour emmener ses passagers à destination le plus rapidement possible, il suffit de rouler vite, de prendre des risques stupides. Il ne comprend pas que le moyen le plus rapide de se rendre du point A au point B est de connaître la ville, de choisir le meilleur itinéraire et d'éviter les points chauds. C'est ce que je fais. Il n'y a pas une rue ni une ruelle que je ne connais pas. Être un excellent chauffeur de taxi, c'est bien plus qu'être un bon conducteur. Lorsque je fais visiter Barcelone à des touristes, je suis capable de répondre à toutes leurs questions : quel restaurant sert la meilleure *fideuà*, quelles sont les heures d'ouverture du

Musée d'art contemporain, à quelle adresse se trouve le meilleur antiquaire? Et si un client descend d'avion à minuit et qu'il meurt d'envie de manger un hot-dog à l'américaine, je sais où le conduire.

«Julian m'a confié le talisman parce que je crois de tout mon cœur qu'un emploi n'est qu'un emploi uniquement si on le voit comme tel. Certains pourraient dire que je suis "seulement un chauffeur de taxi". Mais en ce qui me concerne, j'aide les visiteurs à se créer des souvenirs qui enrichiront leur vie. J'ai l'occasion de faire preuve de gentillesse avec les gens dans un monde où tant d'entre nous rêvent d'avoir davantage de contacts humains. Je mets des sourires sur le visage de mes clients et ils me quittent plus heureux. Dans mon esprit, le travail est un moyen de découvrir nos talents, d'utiliser notre potentiel et d'être utiles aux autres.»

Le café était servi et nous en avons bu quelques gorgées en silence. J'ignore à quoi Lluis pensait; quant à moi, je réfléchissais à mon père, à l'époque où il était encore professeur.

Avant que nous nous séparions pour la nuit, Lluis m'a offert de partager avec moi ses connaissances. Il viendrait me chercher le lendemain matin et me ferait visiter la ville. Nous avons convenu de nous retrouver à huit heures.

LORSQUE LE RÉVEIL a sonné à six heures le lendemain matin, j'ai eu envie de me retourner et de me rendormir. Mais j'ai pensé à ce mot que j'avais écrit dans mon journal: *pompes*. Je me suis extirpé du lit et me suis dirigé vers mon sac en titubant. J'avais emporté des vêtements de sport. Je le fais toujours lorsque je voyage pour affaires – des shorts, un T-shirt, des chaussures de course et des bas qui, invariablement, n'avaient pas été touchés lorsque je revenais à la maison. Mais ce matin-là, au lieu de rester au lit à chercher des raisons de ne pas aller au gymnase de l'hôtel, je me suis levé et je me suis habillé avant que mon corps ait l'occasion de s'y opposer. J'étais en train d'apprendre à ne pas céder à mes restrictions. Et il m'apparaissait que toutes les excuses que j'avais l'habitude de me donner n'étaient rien de plus que des mensonges que mes peurs tentaient de me vendre.

Je me suis rendu dans la salle de bain en traînant les pieds, je me suis brossé les dents, me suis aspergé le visage d'eau froide et, saisissant ma clé, je suis sorti de ma chambre. Ce n'est que 20 minutes plus tard, alors que je courais sur un tapis roulant, les yeux rivés sur un écran de télé qui diffusait des actualités que je ne pouvais comprendre – que mon cerveau s'est réveillé et que j'ai pleinement pris conscience de ce que j'étais en train de faire. Mon cerveau soudain fonctionnel s'est empressé de me féliciter.

Après avoir couru, j'ai fait les pompes promises et quelques redressements assis sur un banc incliné. Et puis je suis retourné à ma chambre pour me préparer.

Après une bonne douche chaude, je me suis habillé et je suis descendu dans le hall de l'hôtel. Le concierge en chef n'avait pas encore pris son service, mais son adjoint m'a indiqué un bistro au coin de la rue qui était censé offrir le meilleur café du quartier.

Pendant que je prenais mon petit-déjeuner, j'ai consulté mes messages. Nawang m'assurait qu'elle me tiendrait au courant et qu'elle avait hâte que je revienne. J'avais également une foule de messages envoyés en copie conforme et je me suis demandé si Nawang n'avait pas tardivement remarqué qu'elle m'avait tenu à l'écart de la chaîne de correspondance. J'ai répondu à la plupart des messages, pour faire comprendre à tout le monde que j'étais toujours dans le coup. Et puis, j'ai encore une fois affiché le message de Tessa.

Je l'ai lu et relu, mais j'ai vite compris que cela ne m'aidait en rien. Je ne savais simplement pas quoi lui répondre. J'ai donc sorti le journal que m'avait donné Julian. Peut-être que j'y verrais plus clair si j'écrivais mes pensées. En fait, j'avais beaucoup pensé à Tessa. Mais il était également vrai que la perspective de l'encourager – l'idée d'entreprendre une nouvelle relation – me terrifiait et me remplissait de culpabilité. J'étais encore marié, après tout. Mais combien de temps mon mariage durerait-il ?

Depuis qu'Annisha m'avait demandé de partir, j'avais toujours pensé que cette séparation n'était que temporaire. Je savais qu'Annisha essayait de me faire réexaminer mes priorités, mais j'avais supposé que la séparation l'amènerait, elle, à accepter le fait que la vie était meilleure à deux. Sa frustration et sa colère s'étaient estompées, mais elles semblaient avoir été remplacées par la tristesse et la résignation – non par le regret. Cela signifiait-il qu'Annisha était passée à autre chose ? Était-ce terminé entre nous ?

Et si ça l'était, qu'y avait-il de mal à fréquenter Tessa ? Peut-être n'était-ce qu'une idylle de bureau. Personne ne recommande jamais une telle relation. Ou peut-être avais-je seulement peur de la nouveauté, du changement ou de l'inconnu. Qu'avait donc écrit Julian dans cette lettre qui accompagnait le crâne grimaçant – affrontez vos peurs ? Peut-être était-ce ce que je devrais faire ici – affronter l'angoisse que m'inspirait le fait d'inviter quelqu'un à sortir. Après tout, j'avais réussi à le faire dans le passé. J'ai refermé le calepin et remis mon stylo dans ma poche, soudain assailli par les souvenirs.

J'avais remarqué Annisha pendant un cours facultatif d'histoire ancienne. Je l'avais choisi parce que c'était le seul cours d'un demi-crédit intégrable à mon programme d'ingénierie. Il n'était pas ennuyeux, mais ce qui m'avait incité à faire preuve d'assiduité, c'était la fille qui s'assoyait toujours à l'avant, du côté droit. J'essayais de m'installer le plus près possible d'elle, mais quand même assez loin pour bien voir son profil lorsqu'elle tournait la tête. Elle avait des yeux en amande et de longs cheveux noirs lustrés. Et même lorsqu'elle ne souriait pas, son visage reflétait la joie. Elle ne parlait pas beaucoup en classe, mais c'était toujours intéressant.

J'ai passé l'année à me demander comment engager la conversation avec elle, mais je n'ai rien trouvé. Et le jour de l'examen final, je me suis aperçu que j'avais laissé filer ma chance. Étant donné qu'elle étudiait les arts et moi l'ingénierie, il était extrêmement peu probable que nous nous retrouvions dans une même classe, ou même que nos routes se croisent à nouveau. Dégoûté de moi-même, j'ai passé l'été suivant à me rabrouer.

Trois années ont passé sans que je revoie Annisha. Je suis sorti avec quelques filles, des relations sans lendemain. Et puis, j'ai passé un autre été seul. Finalement, alors que j'amorçais ma dernière année d'études, les dieux m'ont souri.

Au cours de la première semaine de la rentrée, mes camarades de chambre et moi sommes allés au bar du campus le vendredi soir. C'était un rituel : reluquer les nouvelles serveuses. À notre grande déception, c'est un serveur qui s'occupait de notre table. Il y avait quelques visages familiers parmi le personnel, quelques nouvelles filles, mais seulement lorsque je suis allé aux toilettes ai-je pu remarquer celle qui travaillait dans la section arrière. C'était Annisha. Lorsque je suis revenu à ma table, je me suis penché vers Evan et lui ai dit de jeter un coup d'œil du côté du bar. Il s'est soulevé de sa chaise et a tourné la tête au moment même où Annisha regardait dans notre direction.

« Hum, qu'est-ce… que j'en… pense ? » Il s'est rassis. « Ce que je pense, c'est… qu'elle est *trrrop* bien pour toi. »

Je ne m'attendais pas à cette réponse. J'espérais en fait un commentaire emballant qui m'aurait propulsé au-delà de ma peur, ou qui m'aurait convaincu d'agir avant lui. Mais il s'est affalé devant sa bière et m'a regardé avec un petit sourire en coin. « Honnêtement, Jonathan, oublie ça », a-t-il dit.

J'ai passé la soirée à siroter ma bière et à rassembler mon courage. Lorsque mes camarades se sont levés pour partir, je leur ai dit de ne pas m'attendre, je devais aller aux toilettes. Evan m'a regardé et a haussé un sourcil.

« Ouais, bonne chance », a-t-il dit en enfilant son veston. Son ton semblait indiquer que la chance n'entrait pas en ligne de compte – que j'avais besoin d'une intervention divine.

Annisha était assise à une table près du bar. Sa section était déserte. Elle comptait ses pourboires. Je me suis dirigé vers elle et je me suis immobilisé près de sa table, mais elle n'a pas semblé remarquer ma présence.

J'ai finalement osé dire :

« Salut.

– Oh, salut. »

Elle a souri en levant les yeux, et a continué à sourire lorsqu'elle a vu que c'était moi. Ou elle était très gentille, ou c'était bon signe. Peut-être les deux.

« Désolé de te déranger, ai-je dit. Hum. Je crois que tu étais dans ma classe d'histoire ancienne en deuxième année, non ? »

Annisha a penché la tête et est restée silencieuse, comme si elle réfléchissait. Après un moment, elle a dit : « L'ingénieur, c'est ça ? » Elle avait parlé lentement, comme si elle fouillait encore dans sa mémoire.

« Oui, c'est ça, ai-je dit. C'était mon cours facultatif. »

J'ai constaté que je transférais mon poids d'une jambe sur l'autre. Je me suis forcé à rester tranquille. Et puis, je me suis lancé.

« Je me demandais si tu aimerais aller prendre un café un de ces jours ? »

Elle souriait toujours, mais elle n'a pas répondu immédiatement. Manifestement, elle étudiait ma proposition.

« J'ai une semaine très chargée. J'ai rendez-vous avec plusieurs amis que je n'ai pas vus depuis l'année dernière. »

J'ai hoché la tête, préparant ma réponse, essayant de trouver un argument suggérant que son refus me laissait indifférent.

« Mais j'aurai le temps la semaine prochaine. » Elle a déchiré un bout de papier de la pile de reçus qui se trouvait devant elle. Elle y a noté un numéro de téléphone et me l'a tendu.

« En passant, je m'appelle Annisha. Je suis désolée. J'ai oublié ton nom. »

LLUIS EST ARRIVÉ devant l'hôtel à huit heures tapantes. Il n'était pas dans son taxi.

« J'ai pensé que nous pourrions commencer par marcher, a-t-il dit. J'adore conduire, mais c'est à pied que l'on voit le mieux la ville. »

Lluis m'avait convaincu la veille de consacrer le peu de temps que je passerais à Barcelone à étudier son architecture. Il affirmait que c'était l'une de ses plus grandes contributions au monde artistique.

« Nous avons neuf édifices qui figurent sur la liste du patrimoine mondial de l'UNESCO. Et il y a aussi Gaudí et toute cette merveilleuse architecture catalane que vous avez pu admirer hier après-midi. Mais l'architecture n'est pas uniquement l'apanage de la vieille ville. Nous apportons encore un soin particulier aux édifices qui sont construits aujourd'hui. »

Lluis m'a expliqué que la ville abritait plus de 5 000 architectes. « Je vous mets au défi de trouver un plus grand nombre d'architectes par habitant dans n'importe quelle autre ville du monde », a-t-il dit. Je l'ai pris au mot. Il m'a ensuite parlé des édifices de Jean Nouvel, de Zaha Hadid, de Frank Gehry et de Richard Rogers. Gehry était le seul nom que je connaissais, mais cela ne me plaisait pas de l'admettre.

Avec seulement une courte pause pour un repas léger, nous avons passé la matinée et l'après-midi à marcher et marcher. De temps en temps, nous sautions dans un bus, mais c'est surtout à pied que nous avons parcouru la ville, le cou tendu, la tête tournée d'un côté et de l'autre pour admirer les merveilles qui nous entouraient.

Nous avons vu La Pedrera, un complexe domiciliaire réalisé par Gaudí. Avec ses murs ondulés de pierre qui évoquent la mer et ses balcons en ferronnerie aux formes végétales, l'immeuble m'a fait penser à l'Atlantide, la cité perdue. Une ville construite au fond de l'océan ressemblerait certainement à ceci. Nous nous sommes promenés dans le parc Güell, dont deux maisons en forme de champignon encadrent l'entrée. À l'intérieur, il y a une salamandre faite de mosaïque et une esplanade circulaire pavée de tuiles. Et nous avons terminé la journée là où nous étions allés la veille, devant la Sagrada Família, le testament inachevé de Gaudí dédié à sa vision et à sa foi, selon Lluis.

« J'adore cet endroit », a-t-il dit d'un ton songeur en admirant les quatre tours qui s'élançaient vers le ciel.

« Vous ai-je dit que mon arrière-grand-père a travaillé à sa construction ?

– Vraiment ? Était-il maçon ?

– Non, un simple ouvrier. Je crois qu'il a passé beaucoup de temps à pousser des brouettes et à transporter des briques. Mais vous savez, comme l'écrit Julian dans sa lettre, il n'y a pas de sot métier. J'aime l'imaginer, sale et couvert de sueur, en train de lever la tête à la fin d'une longue journée de travail pour regarder cette magnifique église, sachant que sans ses muscles et son temps, une telle merveille n'aurait tout simplement pas existé. »

Lluis m'a raccompagné à l'hôtel en fin d'après-midi. Il avait quelques courses à faire et nous voulions tous deux nous coucher tôt. Mon avion décollait à huit heures le lendemain matin et Lluis avait insisté pour venir me chercher à cinq heures.

Une fois dans ma suite, j'ai appelé le service aux chambres et j'ai commandé à dîner. J'ai pris quelques notes dans mon journal, et puis j'ai sorti mon portable et j'ai envoyé un court message à Adam. La nostalgie que j'avais ressentie au Mexique persistait. Je me suis demandé comment j'avais parfois pu passer des jours sans lui téléphoner ou lui rendre visite lorsque j'étais à la maison. J'ai d'abord écrit : « *Tu me manques tellement, mon grand.* » Et puis je me suis rappelé la tristesse qu'il y avait dans ses yeux quand je l'avais embrassé avant de m'envoler pour Istanbul. J'ai effacé la phrase. Je souhaitais être là pour lui, même si je ne faisais que lui envoyer un message, et je ne voulais pas souligner mon absence.

Je lui ai donc décrit la Pyramide du Magicien et les ruines mayas que j'avais visitées, le chant des oiseaux dans les arbres et les pumas qui rôdaient dans les forêts du Yucatán – ajoutant que j'étais vachement content de ne pas les avoir rencontrés. Et puis je lui ai parlé de ma journée à Barcelone. *Tu te rappelles les châteaux de sable que nous avons construits l'été dernier sur la plage ? Nous avions laissé couler lentement du sable mouillé pour former des tours hautes et pointues. L'église que j'ai vue aujourd'hui ressemblait à ça. Elle avait les mêmes tours et elle a été conçue par un type qui s'appelle Gaudí. Je parie que lorsqu'il était petit, il construisait des châteaux de sable, comme toi.*

Je me suis arrêté une seconde, réfléchissant à la phrase suivante. Et puis, j'ai écrit : *Lorsque je serai de retour, nous irons passer un week-end à la plage.* Je connaissais les dangers associés aux promesses, mais j'étais déterminé à tenir celle-ci. Sinon, cela me briserait le cœur, et celui d'Adam.

La lumière du petit matin commençait à poindre à l'horizon lorsque Lluis m'a déposé à l'aéroport. Comme d'habitude, il était gai et enjoué, mais il a de toute évidence remarqué que je n'étais pas bien réveillé. En sortant mon sac du coffre de la voiture, il m'a regardé d'un air inquiet. « Vous êtes certain de ne rien oublier, Jonathan ? » a-t-il dit. J'ai tâté ma poche pour vérifier si j'avais mon portefeuille et mon passeport, et puis j'ai eu un moment de panique.

Les talismans. La pochette était-elle autour de mon cou? Je ne la sentais pas.

J'ai ouvert mon veston. J'ai tapoté le devant de ma chemise et, bien sûr, elle était là – un petit sac bosselé, posé directement sur ma peau. Comment avais-je pu en oublier la présence? J'ai été étonné de constater que bien que la pochette soit maintenant plus lourde que jamais, le cordon de cuir ne s'incrustait plus dans ma peau. Je l'ai tirée de sous ma chemise et l'ai fourrée dans ma poche. Il faudrait que je la dépose dans un bac de sécurité au poste de contrôle.

Après m'être enregistré et m'être rendu à l'aire de départ, j'ai trouvé un coin tranquille et j'ai composé le numéro d'Annisha. Il serait tard pour elle – minuit, sans doute –, mais j'avais très envie de lui parler et d'avoir des nouvelles d'Adam.

Lorsqu'elle a répondu, je me suis excusé de l'appeler à une heure aussi tardive, mais elle a eu l'air soulagé de m'entendre. «Je suis heureuse que tu m'appelles, a-t-elle dit. Il y a eu un petit incident à l'école aujourd'hui et je voulais t'en parler. Apparemment…»

Annisha s'est tue. J'ai entendu une petite voix étouffée.

«Maman, disait Adam, je n'arrive pas à dormir.

– Oh, mon chéri», ai-je entendu Annisha lui répondre. «Viens ici et assieds-toi avec maman. Veux-tu expliquer à papa ce qui t'empêche de dormir?»

Lorsque Adam a pris le combiné, je lui ai demandé comment il allait.

« Bien, a-t-il répondu à voix basse.

– Quoi de neuf ? ai-je insisté.

– Rien, a-t-il dit. Et puis j'ai entendu Annisha.

– Tu voulais dire à papa ce qui est arrivé à l'école aujourd'hui, tu t'en souviens ? »

Avec un peu de persuasion de ma part et des encouragements d'Annisha, Adam m'a raconté qu'à l'heure du repas, un élève de 2e année l'avait fait trébucher, l'avait jeté par terre et lui avait volé sa barre de céréales.

« Qu'est-ce que tu as fait ? » ai-je demandé. Adam m'a répondu qu'il avait tout raconté à son enseignante, Mlle Vanderwees, qui était responsable de la surveillance dans la cour de l'école.

« Est-ce que ça t'est déjà arrivé ? » a demandé Adam. « Quand tu étais petit, est-ce que les autres enfants étaient méchants avec toi ? »

Je lui ai parlé de Phil Stefak qui m'avait volé toutes mes cartes de baseball et qui me taquinait à cause de mes lunettes. Je lui raconté que Phil avait l'habitude de me suivre à la fin de la journée et de m'insulter. Je lui ai expliqué que j'avais eu peur d'en parler, mais que, finalement, lorsque Phil m'avait arraché mes lunettes et les avait piétinées, je l'avais dit à mon professeur. Je n'avais jamais vraiment su ce qu'il avait fait, mais après cela, Phil s'était contenté de me lancer des regards furieux. Il ne m'avait plus jamais touché. Nous avons parlé longtemps avant qu'Annisha reprenne le combiné. J'ai consulté ma montre.

« Je suis désolé, ai-je dit à Annisha. Vous devez être épuisés tous les deux.

– Ça va. Il avait vraiment besoin de te parler. Mais je devrais maintenant le remettre au lit.

– Bien sûr. Mais encore une dernière chose – sais-tu quelles mesures l'école prendra avec cet enfant ? »

Annisha a dit à Adam de retourner dans sa chambre et qu'elle le rejoindrait dans une minute. Et puis, elle m'a annoncé que Mlle Vanderwees lui avait téléphoné après l'incident. Ce n'était pas la première fois que le garçon tourmentait d'autres élèves. Le directeur avait communiqué avec ses parents et les avait convoqués pour une discussion. Mlle Vanderwees lui avait également dit qu'elle serait aussi souvent que possible de garde dans la cour la semaine suivante et qu'elle ferait preuve de vigilance. Et elle avait parlé à tous ses élèves et leur avait expliqué qu'il était important qu'ils soient des spectateurs attentifs et qu'ils portent secours à tout camarade qui se faisait malmener.

« Elle prend ça très au sérieux, a dit Annisha. Je me suis sentie beaucoup mieux après lui avoir parlé. »

Annisha et moi avons discuté encore un peu d'Adam et de l'école, et puis je lui ai souhaité une bonne nuit.

Il y avait maintenant beaucoup de monde dans l'aire de départ. La plupart des sièges étaient occupés. Des hommes et des femmes avec des porte-documents et des ordinateurs portables. Quelques couples avec de jeunes enfants. Et devant moi, une adolescente, des écouteurs sur la tête, affalée sur son siège et qui lançait un regard furieux à sa mère qui venait de lui offrir une gomme à mâcher.

J'ai pensé à mon adolescence et à l'humeur maussade que j'affichais souvent. À la patience de mes parents. J'ai senti une douleur familière entre mes côtes. Mon père me manquait.

Assis à l'aéroport de Barcelone, pensant à mon fils qui était surveillé par Mlle Vanderwees, me rappelant mon père et ma propre enfance, j'ai compris que le petit garçon de cinq ans que j'avais été avait eu raison. Mon père était un génie dans sa salle de classe et avait exercé une profession vraiment noble. Il avait atteint cette grandeur dont Lluis m'avait parlé. J'avais encore beaucoup de travail à faire si je voulais ressembler un peu à l'homme qu'il était devenu.

Chapitre huit

Pendant que j'étais en Espagne, Julian m'avait envoyé un peu d'informations sur mes deux prochaines destinations. Tout d'abord, retour en Amérique du Nord, à l'île du Cap-Breton, sur la côte est du Canada.

Donc, après une escale à Londres et une autre à Halifax, c'est plus de 16 heures après avoir quitté Lluis à l'aéroport de Barcelone que j'ai atterri sur l'île du Cap-Breton, à Sydney, en Nouvelle-Écosse. C'était en début de soirée. Comme Julian me l'avait promis, une voiture de location m'attendait. J'ai été soulagé de constater qu'elle était équipée d'un GPS. J'ai réalisé que je n'avais aucune idée de la façon de me rendre à St Ann.

« Cela vous prendra environ une heure », m'avait dit un préposé à l'agence de location.

Cette fois, la gardienne du talisman était Mary McNeil. Je lui ai envoyé un message pour lui dire que j'étais en route.

Alors que je sortais de Sydney et que je m'engageais sur l'autoroute, l'endroit m'a rappelé la péninsule du Yucatán. Ni la température, ni les habitations, ni la végétation. Non. Ici, l'air était vif et frais ; les sapins et les bouleaux étaient fournis et d'un vert profond. Et l'eau. Il y en avait partout. La route était sinueuse – d'ailleurs, le tracé du GPS en faisait foi. Je voyais également qu'après quelques kilomètres dans la forêt, une étendue d'eau – une baie ou un lac – apparaîtrait. Ce qui me rappelait le Yucatán, c'était la faible densité de population.

Dès que j'étais sorti de Sydney, comme à Mérida, j'avais eu l'impression de laisser les habitants derrière moi. J'ai parcouru de longues distances de territoire non habité. De temps en temps, une maison surgissait au bord de la route pour se perdre aussitôt dans mon rétroviseur, dans un océan forestier. Toutefois, il y avait un aspect réconfortant dans le fait de m'enfoncer dans ce lieu reculé. À la fin du trajet, ai-je pensé, *quelqu'un m'attendait*.

Mary McNeil et Angus Macdonald vivaient non loin d'une route panoramique appelée la piste Cabot, en face de la baie de St. Ann. Dans un message, Mary m'avait dit que je verrais une boîte aux lettres sur le bord de la route et un poteau avec un numéro, mais que je n'apercevrais la maison qu'après avoir roulé un peu le long d'une allée. Heureusement, le GPS a fait le travail pour moi, et je me suis rapidement retrouvé sur une route graveleuse, bordée d'arbres touffus. La toiture d'une maison est bientôt apparue au-dessus des cimes devant moi. Mary devait m'attendre à la fenêtre, car lorsque j'ai rangé ma voiture derrière deux camionnettes sur le côté de la maison, une grande femme aux cheveux poivre et sel était debout sur les marches de la véranda et me faisait signe. *C'est certainement Mary*, ai-je pensé.

Lorsque je suis descendu de voiture, elle y était déjà, ainsi qu'un homme que j'ai supposé être son mari, Angus. Il était un peu moins grand que Mary, quoique nettement plus grassouillet, mais tous deux avaient un sourire chaleureux. Ils ne m'ont pas réservé d'accolades comme l'avait fait Lluis, mais Angus m'a donné une petite tape sur l'épaule et Mary a tenu ma main dans les siennes en se présentant.

Ils semblaient heureux de me voir, mais Mary avait un regard soucieux. « Vous devez être fatigué, a-t-elle dit. Angus, Angus », a-t-elle poursuivi nerveusement en faisant un signe vers la banquette arrière de la voiture. L'instant d'après, Angus et moi nous disputions mon sac dans ce qui doit avoir eu l'air d'une bagarre de dessins animés. J'ai finalement renoncé et j'ai laissé Angus le transporter dans la maison.

« D'après ce que m'a dit Julian, vous avez déjà beaucoup voyagé, a dit Mary. Nous vous avons préparé un repas, et ensuite vous pourrez aller vous coucher si vous le voulez. J'imagine qu'il doit être près de minuit en Espagne. »

Mary et Angus m'ont conduit à la salle de séjour. Les meubles étaient disparates et il y avait deux grandes toiles sur les murs. L'une représentait vaguement une scène maritime – des taches de turquoise et de vert sur lesquelles dansaient des ombres sombres. L'autre était un pastiche de blocs colorés qui semblaient changer d'ordre devant mes yeux. Mary m'a désigné un profond fauteuil qui faisait face à une grande baie vitrée. Lorsque je me suis assis, j'ai remarqué immédiatement ce que cette pièce avait de plus spectaculaire. Une immense vague de verdure s'étendait devant moi avec, au fond, une mince ligne bleu foncé – la baie de St. Ann et les eaux de l'océan Atlantique.

« Restez assis, a dit Angus. Je mets la table et je vous appelle tous les deux. »

Mary m'a apporté une bière et puis s'est assise à mes côtés. Elle m'a posé quelques questions sur mes déplacements.

« On dirait que vous avez été très occupé. Peut-être souhaitez-vous vous reposer demain, mais Angus et moi avons pensé vous proposer quelques petites choses. »

Cela ne m'a pas étonné. Jusque-là, Antoine, à Paris, avait été le seul gardien qui m'avait laissé livré à moi-même. J'avais des sentiments mitigés. Après être resté assis si longtemps dans des avions, c'était probablement une bonne chose que je bouge un peu. Mais je n'étais pas certain d'avoir envie d'une foule d'activités organisées.

Mary m'a dit que si cela me convenait, elle ferait un petit dîner en mon honneur le lendemain soir.

« Rien de compliqué, m'a-t-elle assuré. Seulement quelques amis et membres de la famille. Et des homards. C'est la saison et j'ai donc pensé que ça vous plairait. »

J'ai souri et je lui ai dit que tout ça me paraissait merveilleux, mais au fond de mon cœur, je n'en étais pas si sûr. Mary m'a également dit qu'elle prévoyait consacrer toute la journée du lendemain à ses préparatifs, alors qu'Angus me ferait découvrir la piste Cabot – une route qui fait le tour des Hautes-Terres-du-Cap-Breton, au nord de l'île. « C'est magnifique, a dit Mary. J'ai vécu ici presque toute ma vie et je ne m'en suis jamais lassée. »

Je lui ai dit que je ne connaissais pas cette route et que j'adorerais découvrir cette partie du monde. « J'ai entendu dire qu'elle fait penser aux vertes collines d'Irlande. »

Mary a hoché la tête. « Oui, mais en plus sauvage, je dirais. Du moins, c'est l'image que ce paysage évoque pour moi. »

Cela faisait quelque deux semaines que je voyageais, mais je devais avouer que j'avais perdu toute notion du temps. Fatigué, j'avais le mal du pays, mais étrangement, l'angoisse que m'inspirait mon travail et ma hâte de retourner au bureau semblaient s'atténuer. Je savais que j'aurais dû être inquiet, mais c'était comme si je n'en avais plus l'énergie. J'aurais pu insister pour repartir le lendemain, j'aurais pu essayer d'accélérer le tempo, mais je n'en avais plus envie. Un long voyage était peut-être ce dont j'avais justement besoin.

Quelques minutes plus tard, la voix d'Angus nous est parvenue de la cuisine. « À table », a-t-il crié. Mary a pris mon verre et est passée devant.

La cuisine était immense, mais simple. Une grande table de pin était placée d'un côté de la pièce – encerclée par huit chaises à haut dossier. Un bahut ancien était rempli de porcelaine et de bols en verre soufflé. Les murs étaient ornés de gravures colorées.

Angus a posé une casserole de lasagnes fumantes sur un dessous-de-plat au centre de la table. Un bol de salade s'y trouvait déjà, ainsi qu'un panier de pain.

« Je ne sais pas si vous avez très faim, Jonathan, et je vais donc vous laisser vous servir », a-t-il dit.

Je n'étais pas d'humeur à parler de moi-même et je savais que le meilleur moyen de faire dévier la conversation consistait à poser des questions. Angus, ai-je appris, était dentiste et son cabinet était situé à Baddeck. Il avait grandi à Glace Bay et il était le fils d'un mineur. En fait, tous les hommes de sa famille avaient toujours travaillé dans les mines, jusqu'à ce que le plus jeune frère de son père aille s'établir à Moncton et devienne comptable. Angus avait rencontré Mary à l'université, mais ils étaient tous deux dans la trentaine lorsqu'ils avaient commencé à se fréquenter. Mary était artiste peintre et travaillait dans un studio sur la colline, derrière la maison.

« La lumière y est extraordinaire », a dit Mary.

Je leur ai demandé comment ils avaient fait la connaissance de Julian. Mary m'a raconté qu'elle l'avait rencontré de nombreuses années auparavant, lorsqu'elle vivait à New York et y gagnait sa vie comme artiste.

« Julian a acheté quelques-unes de mes toiles. C'était à l'époque où il était encore avocat et dilapidait son argent comme un marin ivre. (*Mary a ri.*) Nous nous sommes perdus de vue pendant un moment. Il m'a retrouvée après mon installation ici.

– Il devait beaucoup admirer votre travail pour vous retrouver jusqu'ici, ai-je dit.

– Non. C'était à son retour de Sivana. Il m'a contactée uniquement pour me parler. »

J'ai pensé à mes anciens amis de l'école secondaire, à mes camarades de chambre à l'université, à tous les gens que j'avais involontairement perdus de vue au fil des ans. Et puis, il y avait les gens que j'avais délibérément mis de côté. J'ai eu un pincement au cœur. Juan entrait dans cette seconde catégorie. Après mon déjeuner avec David et Sven, Juan était venu me voir à quelques reprises. Il était troublé. David et Sven l'avaient inondé d'une avalanche de demandes. Ils lui avaient fixé des buts pratiquement impossibles à atteindre, assortis d'échéances totalement irréalistes.

Ils lui avaient demandé des rapports et des comptes rendus si souvent que c'en était risible. Sauf que Juan ne riait pas. Il était devenu inquiet, anxieux et stressé. Chaque fois qu'il me parlait, je proclamais mon ignorance. Lorsqu'il m'avait demandé d'intervenir, d'agir à titre d'intermédiaire officieux entre le service de la conception et la haute direction, je m'étais dérobé. Et puis, j'avais commencé à l'éviter.

Juan n'était pas bête. Il voyait bien que je n'avais pas envie de me mouiller. Il a cessé de venir me voir dans mon bureau. Mais je l'apercevais parfois dans les couloirs. Il semblait préoccupé et il avait les traits tirés. Des rides profondes creusaient son visage et ses yeux étaient bouffis et tristes. L'une des dernières fois où nous avons échangé quelques mots, il m'avait pris de court sur le terrain de stationnement de l'entreprise.

« Jonathan, je sais que tu es au courant de ce qui se passe », avait-il dit d'un ton triste. « Et je sais que personne ne peut rien faire pour m'aider. J'ai 55 ans. Je ne peux pas encore me permettre de prendre ma retraite, mais si je démissionne… eh bien, qui voudra embaucher un homme de mon âge ? » Et puis il était monté dans sa voiture et il était parti.

Ce n'est qu'un mois plus tard qu'une terrible nouvelle a fait le tour du bureau. Juan avait perdu la maîtrise de son véhicule la veille en revenant du travail. Il était déjà mort lorsque l'ambulance était arrivée sur les lieux de l'accident.

LES LASAGNES ÉTAIENT DÉLICIEUSES, mais la combinaison de nourriture riche et de décalage horaire avait alourdi mes paupières. Angus a débarrassé la table et Mary est restée assise à sa place.

« Je sais que vous avez besoin de repos, a-t-elle dit. Mais j'aimerais vous donner le talisman ce soir. En fait, j'avais prévu vous l'offrir demain avant notre petite fête. C'est à cause du talisman que j'ai décidé de donner ce dîner. J'ai pensé que ce serait approprié – la bonne façon d'effectuer le transfert d'une main à l'autre. Mais je me connais. Demain, je ferai un tas de choses en même temps pour préparer le dîner, et il vaut peut-être mieux que je vous le donne maintenant. »

Mary a tiré une petite enveloppe matelassée de sa poche et l'a posée au centre de la table, mais sans la lâcher.

« Avant que vous n'ouvriez ceci, a-t-elle dit, puis-je voir les autres talismans ? »

J'avais tellement l'habitude de sentir la pochette contre ma peau, son poids léger sur ma poitrine. J'ai été étonné de ma réticence à m'en séparer. Mais je l'ai tirée de sous ma chemise et l'ai passée autour de mon cou. Je l'ai ouverte et, très doucement, j'ai fait glisser les talismans sur la table.

Mary les a examinés soigneusement.

«Julian doit avoir une très haute opinion de vous, il doit beaucoup se soucier de vous pour vous avoir confié cette tâche, a-t-elle dit.

– Eh bien, je ne sais pas. Ma mère et lui sont très proches. Mais je ne le connais pas vraiment.

– Mais il est clair qu'il *vous* connaît», a dit Mary avec un doux sourire.

Elle a tendu la main et a saisi le crâne grimaçant.

«Affrontez vos peurs», a-t-elle dit. J'ai hoché la tête.

Elle a reposé le crâne et a pris la grue cendrée.

«La bonté.» Elle a posé la grue devant elle, à côté du crâne.

«De petits progrès chaque jour.» Elle a laissé courir ses doigts sur la minuscule pyramide.

Elle a posé la pièce d'argile sur la table et a saisi le pinceau. Comme moi la première fois, elle a fait tourner le manche de bois sombre entre ses doigts.

«N'importe quel travail peut être un moyen d'exprimer sa créativité.

– Comment savez-vous tout ça ? » ai-je demandé.

Mary m'a regardé et a penché la tête, comme si elle tentait de prendre une décision.

« Ces talismans », a-t-elle dit finalement, en indiquant de la main la petite pile sur la table, « sont uniques. Mais ce sont des symboles, après tout. Julian a parlé de leur sagesse pendant des années. Et j'ai écouté. »

Enfin, Mary a soulevé l'amulette représentant le soleil et la lune.

« Ah. Vivez avec authenticité. Ce talisman est spécial. C'est l'un des plus importants, mais peu de gens mettent cette vérité en pratique. »

Elle a remis le talisman sur la table, et puis elle m'a regardé.

« Puis-je vous poser une question, Jonathan ? Une question personnelle ? » Je ne voyais pas comment j'aurais pu refuser.

« Estimez-vous être fidèle à vous-même ? Croyez-vous que vous menez la vie à laquelle vous êtes destiné – une vie qui honore ce que vous êtes vraiment, qui chante vos valeurs les plus profondes et qui s'harmonise avec vos plus grands rêves ? »

J'ai blêmi et j'ai porté ma tasse de thé à mes lèvres pour faire bonne contenance. Mary me regardait intensément. Je ne comprenais pas pourquoi elle s'intéressait tant à moi ou à la réponse que je pouvais donner à cette question. J'ai pris une gorgée de thé et j'ai reposé ma tasse.

«Je… je ne sais pas, ai-je balbutié. Je me suis demandé la même chose tout au long de ce voyage.

– Je comprends, a dit Mary. C'est une question difficile.

– En fait, je ne suis peut-être pas fidèle à moi-même, ai-je avancé. Mais en même temps, je ne suis pas certain de ce à quoi devrait ressembler une vie authentique. Je commence à remettre mon travail en question, mais le reste me plonge dans l'incertitude.»

Mary a hoché la tête.

«Étant donné que je vous ai posé des questions indiscrètes, peut-être devrais-je vous parler un peu de ma vie.

– Je vous écoute», ai-je dit. Tout sauf continuer à parler de moi-même.

Mary m'avait dit plus tôt qu'elle était peintre, mais elle a précisé que son histoire n'en était pas une de rébellion. Elle n'était pas devenue une artiste parce que sa famille voulait qu'elle devienne comptable. Et elle n'avait pas eu la révélation que sa véritable passion était l'art pendant qu'elle travaillait de 9 à 5. Elle avait su dès l'enfance qu'elle voulait être une artiste. C'est l'art qui la rendait heureuse. Dessiner, peindre, sculpter, créer, c'est tout ce qu'elle avait toujours voulu faire.

«Comme Picasso», ai-je dit. Je me rappelais ce que Lluis m'avait dit à propos de son enfance. Mais le père de Picasso était lui-même un artiste. Il avait encouragé son fils. J'ai demandé à Mary si ses parents étaient des artistes.

« Grand Dieu, non ! Mon père avait un bateau de pêche ; ma mère travaillait à temps partiel dans un magasin d'alimentation, a dit Mary. Mais ce sont des gens extraordinaires, et ils trouvaient génial que j'aie une telle passion. Ils voulaient seulement que je continue à faire ce que j'aimais.

– Et ils ne se demandaient pas si cela vous permettrait de gagner votre vie ? » ai-je demandé.

Mary a ri. « Mon père avait l'habitude de dire : "Eh bien, tu trouveras difficile de gagner moins d'argent que ta mère et moi – mais vas-y, tente ta chance !" »

Sa famille n'avait jamais été riche, mais elle était heureuse. La perspective d'être une artiste mourant de faim n'effrayait pas Mary. Elle avait obtenu une bourse pour étudier les beaux-arts à l'université d'Halifax. Une fois diplômée, elle était allée s'installer à Manhattan. Elle y avait travaillé comme serveuse, et elle avait peint. Elle avait fait son chemin sur la scène artistique new-yorkaise. Elle avait commencé à exposer ses œuvres. Finalement, elle avait pu quitter son emploi et peindre à temps plein. Elle avait travaillé dur pour parvenir à gagner sa vie avec la peinture et la gravure, mais elle avait aussi eu de la chance.

« Je suppose que je me suis trouvée au bon endroit, au bon moment, a dit Mary.

– Vous viviez donc une vie authentique, vous étiez fidèle à vous-même et tout ça », ai-je dit.

Mary a contemplé le contenu de sa tasse pendant quelques secondes avant de reprendre la parole. « Eh bien, c'est ça qui est intéressant. Je croyais vraiment que c'était le cas pendant toutes ces années où j'ai vécu à Manhattan. J'étais jeune et je réussissais. J'avais des amis et une vie sociale active. C'était excitant.

– Alors, qu'est-ce qui n'était pas authentique dans cette vie ? Qu'est-ce qui n'allait pas ? » ai-je demandé. Elle avait éveillé ma curiosité.

« Ce que beaucoup de gens ne comprennent pas, c'est l'élément compétitif du milieu artistique : qui expose dans quelle galerie, qui retient l'attention des critiques, qui a la cote et qui ne l'a pas ? Il peut y avoir beaucoup de querelles intestines et de médisances. »

J'ai dû avoir l'air surpris, car Mary a hoché la tête et a ajouté : « C'est vrai. »

Mary m'a ensuite expliqué qu'un jeune artiste dont le style et l'approche étaient similaires aux siens était arrivé de Los Angeles et s'était établi à Manhattan. Soudain, on l'avait vu à tous les vernissages, à toutes les fêtes, à tous les événements artistiques. Et partout où il allait, il se dirigeait toujours tout droit vers Henri, le directeur des galeries qui exposaient et vendaient les œuvres de Mary. Elle savait qu'Henri refuserait de prendre également sous son aile ce jeune artiste puisque son style ressemblait trop au sien. Cependant, rien ne l'empêchait de laisser tomber Mary et de s'occuper d'un poulain.

« Et puis, cela a été la dégringolade », a dit Mary.

C'était grâce à Henri qu'elle avait pu quitter son emploi de serveuse. Avec son aide, elle était devenue la petite chérie des critiques d'art. Mais elle pouvait tout aussi aisément retomber dans l'ombre. Mary s'était rendu compte que même si elle devait à Henri d'avoir réussi, elle ne lui faisait pas confiance. C'était un homme d'affaires futé qui semblait imperméable tant à la loyauté qu'à la culpabilité. Elle était consciente qu'elle ne jouissait plus de ses bonnes grâces. Et elle voyait qu'Henri n'était pas le seul à penser que son étoile pâlissait.

Certains des amis de Mary ont commencé à lui téléphoner moins souvent. Il y a eu des fêtes où elle n'a pas été invitée. Son nom est disparu de la liste des invités d'honneur aux vernissages de certaines galeries. Un soir, lors de la première d'un film, Mary s'était surprise à confier un potin à propos du peintre de Los Angeles à un rédacteur d'un magazine d'arts.

« Cela avait trait à l'époque où il vivait en Californie, et reflétait son manque d'intégrité artistique. J'en ai parlé au journaliste parce que j'ai pensé que cela pourrait amener les gens à penser que l'engouement qu'il suscitait n'était qu'un feu de paille. Qu'il n'était qu'un poseur qui n'évoluerait pas longtemps dans le monde de l'art ! J'ai pensé que, en comparaison, on prendrait mon talent plus au sérieux. »

Mary était dégoûtée d'elle-même lorsqu'elle était rentrée chez elle ce soir-là. Elle n'avait jamais médit de personne, et elle se sentait petite, mesquine et affreuse.

« Je ne cessais de me demander pourquoi j'avais fait ça. Comment j'avais pu aller aussi loin ? Et cela m'a amenée à poser un regard critique sur les gens qui faisaient partie de ma vie. »

Elle avait noté que ces gens entraient dans deux catégories, plus ou moins. Il y avait ceux en qui elle avait confiance et qu'elle aimait, ceux qui étaient de véritables amis, qui lui apportaient un sentiment de sécurité et de bonheur, qui l'amenaient toujours à donner le meilleur d'elle-même. Et puis, il y avait l'autre groupe. Des gens qui parfois l'intéressaient ou la distrayaient, qui l'attiraient pour toutes sortes de raisons, mais qui étaient également négatifs à certains égards. Certains d'entre eux étaient drôles, mais mesquins. (J'ai pensé à Evan, mon ancien camarade de chambre, et à son *Ouais, bonne chance*.) Certains étaient intéressants, mais hargneux. Certains voyaient la concurrence partout, et parce qu'ils se comparaient sans cesse à elle, elle se comparait à eux.

Et puis, il y en avait d'autres qui, sans le vouloir, avaient une mauvaise influence sur elle. Par exemple, chaque fois qu'elle sortait avec une certaine femme, elle buvait trop. Un autre type était tellement pessimiste qu'elle se sentait déprimée pendant des jours après lui avoir parlé. Et un autre encore était si décontracté qu'elle pouvait dormir jusqu'à midi si elle passait trop de temps avec lui.

« À cette époque, Julian faisait partie du second groupe », a dit Mary d'une voix un peu triste.

Elle avait alors décidé de passer davantage de temps avec le premier groupe. Et puis, elle s'était rendu compte d'autre chose : beaucoup de gens ne figuraient pas sur cette liste.

« Les membres de ma famille avaient énormément d'importance pour moi, mais je ne les voyais presque jamais. »

Elle savait qu'elle se sentait davantage elle-même lorsqu'elle se trouvait avec sa mère et son père, ses frères et sœurs, ses oncles et tantes. Ils allaient chercher ce qu'il y avait de meilleur en elle.

« J'ai compris que, pour moi, la vie authentique résidait non seulement dans l'art, mais aussi dans ma famille. Bien vivre, c'est trouver tous les éléments dont on a besoin. »

Mary avait décidé de revenir à l'île du Cap-Breton, mais pas à Mabou, la petite ville où vivaient ses parents. Elle s'était plutôt établie à St Ann, non loin de Baddeck, parce que, lors d'une exposition à SoHo, elle avait rencontré une merveilleuse sculptrice. Elles étaient devenues des amies. Christine vivait à St Ann. Cette ville abrite l'Université gaélique des arts et des métiers celtiques et Christine lui avait dit que la petite communauté comptait plusieurs artistes et artisans.

« Je savais qu'il était également important pour moi d'être entourée de gens qui partageaient ma passion, qui m'inspireraient dans ma propre créativité et me pousseraient peut-être même un peu plus loin. Et c'est pour cela que Julian m'a demandé de prendre soin de ce talisman. »

Mary a poussé l'enveloppe matelassée vers moi. Je l'ai ouverte et j'en ai tiré un parchemin et un petit objet sculpté dans le bois. Il ne mesurait que 2,5 centimètres de largeur et 1 centimètre de hauteur. Il représentait deux mains réunies.

J'ai ouvert le parchemin de couleur crème.

Choisissez bien vos influences

Nous ne traversons pas la vie seuls ou séparés du monde qui nous entoure. Nous devons donc toujours être conscients des choses et des gens que nous laissons entrer dans notre vie. C'est faire preuve de sagesse que de choisir de passer du temps dans ces lieux qui nous animent et qui nous remplissent d'énergie, et de nous associer à des gens qui nous stimulent et nous inspirent. Que ce soit au travail ou dans notre vie personnelle, ces amis et ces collègues positifs nous inciteront à donner le meilleur de nous-mêmes et à vivre pleinement.

J'ai replié la lettre et je l'ai glissée dans ma poche.

« Je suppose que, demain soir, je ferai la connaissance de certaines de ces personnes positives qui font partie de votre vie, ai-je dit.

– Exactement », a dit Mary. Délicatement, elle a remis les talismans dans la pochette. « Julian en fait maintenant partie. J'aurais beaucoup aimé qu'il soit présent. »

Il n'était que 22 heures, mais 3 heures à Barcelone. Mary m'a tendu la pochette et puis elle m'a escorté jusqu'à une chambre à l'étage.

« La salle de bain est au bout du couloir. J'ai posé des serviettes au pied de votre lit, a-t-elle dit. Dormez bien. À demain. »

LORSQUE JE ME SUIS RÉVEILLÉ le lendemain matin, c'est très lentement que j'ai repris conscience du monde.

Je suis resté étendu pendant plusieurs minutes en essayant de me rappeler où j'étais. Un arôme de café et de cannelle a flotté jusqu'à ma chambre. C'est à ce moment-là que la mémoire m'est revenue – l'île du Cap-Breton.

Lorsque je suis entré dans la cuisine, Angus et Mary étaient tous deux occupés au comptoir. « Je vous en prie, servez-vous un café, a dit Mary. Les crêpes sont presque prêtes, des crêpes au babeurre et aux pommes. »

Il y avait des tasses bleues en poterie à côté de la cafetière. J'en ai pris une et je l'ai remplie. Le café était riche et fort, exactement ce dont j'avais besoin. C'était l'une des choses qui m'avaient manqué à l'hôtel de Barcelone et à l'auberge de Kyoto. L'odeur du petit-déjeuner se répandant partout dans la maison.

Au moment où Mary déposait une assiette pleine de crêpes au milieu de la table, le téléphone a sonné. Angus a pris le combiné et a presque immédiatement plissé le front.

« Combien ? D'accord. D'autres blessures ? Vous êtes certain ? Très bien. Laissez le sac de glace sur sa bouche. Je vous retrouve à mon cabinet dans une demi-heure. »

Angus a raccroché et a regardé Mary. « Connor Ashton. Il est tombé de bicyclette et s'est cassé les dents de devant. »

Angus s'est ensuite tourné vers moi. « Je suis vraiment désolé, Jonathan. C'est une urgence, il faut que je me dépêche. »

Je lui ai dit que je comprenais très bien, mais je n'avais pas terminé ma phrase qu'il était déjà parti. Nous avons entendu sa camionnette faire voler le gravier de l'allée, et puis Mary a déposé quelques crêpes dans mon assiette.

« Oh là là ! » a-t-elle dit en soupirant. « Maintenant, je ne sais pas quoi faire. Je devrais vous faire visiter la région, mais je ne vois pas comment je pourrais alors être prête à temps pour le dîner. »

Il m'est apparu que la tournure des événements, aussi regrettable soit-elle pour le petit Connor Ashton, me convenait parfaitement. J'avais une voiture de location ; je pouvais me rendre tout seul sur la piste Cabot pendant que Mary vaquait à ses occupations. Elle a approuvé ma suggestion.

« Du moment que vous n'avez pas le vertige et que vous aimez conduire, tout ira bien, a dit Mary. Vous ne pouvez pas vraiment vous perdre. C'est une route circulaire d'environ 320 kilomètres, et vous finirez par revenir à votre point de départ. Toutefois, vous aurez souvent envie de vous arrêter aux belvédères et dans certaines agglomérations. »

Après le petit-déjeuner, Mary a trouvé une carte routière et nous nous sommes assis côte à côte. Elle a encerclé des emplacements sur la carte et a noté sur une feuille de papier le nom des lieux à visiter et des choses à voir. La liste était très longue.

« Oh, je sais, vous ne pourrez pas tout voir en un seul jour. Choisissez. Et appelez-moi si vous avez des questions. » Mary a rempli une bouteille d'eau et a mis des fruits et un sandwich dans un sac. Je lui ai dit de ne pas se donner cette peine, que j'arrêterais manger quelque part.

« C'est qu'une fois dans les hautes terres, vous pourrez rouler longtemps avant de trouver un restaurant. Vous n'êtes pas obligé de manger ce que j'ai préparé, mais vous l'aurez en cas de besoin. »

Il était encore très tôt lorsque je me suis engagé dans la vallée de Margaree. Mary m'avait suggéré de suivre la piste dans le sens des aiguilles d'une montre de manière à être sur la voie intérieure lorsque je franchirais les hautes terres. Mais pour commencer, la route était bordée de vertes collines. Vingt minutes plus tard, je n'avais croisé que deux voitures. Un faucon est descendu en piqué devant moi et, du coin de l'œil, je captais de temps en temps un mouvement dans les arbres. Probablement des écureuils ou des oiseaux. Je me suis demandé s'il était possible d'apercevoir un renard ou un cerf.

Je me suis mis à penser à la lettre de Julian à propos des influences. À Mary et aux gens qu'elle avait décidé de garder dans sa vie. Son récit m'avait fait réfléchir aux amitiés que j'aimerais renouer. Je me suis dit que j'aimerais voir davantage ma sœur, Kira, et ma mère. Kira, surtout, avait le don d'aller chercher le meilleur de moi-même. Comme si, en sa présence, je me rappelais à quoi s'attend une jeune sœur. Et ma mère, je la tenais pour acquise, je le savais. L'habitude qu'elle avait de me dire de mettre un chandail ou de terminer mes petits pois, même une fois que j'ai été adulte et père moi-même, me faisait parfois fuir immédiatement après le dîner dominical, comme si je m'échappais d'une chambre de torture.

J'avais tout de même conscience de ma chance d'avoir été élevé par elle. Je commençais à éprouver de la gratitude pour cela. Enfant, lorsque je rentrais à la maison après un match de baseball, elle me demandait toujours: «T'es-tu bien amusé?» au lieu de: «As-tu gagné?» Et elle avait toujours du positif à dire de tout le monde – incluant oncle Teddy, un prodige d'originalité pouvant rivaliser avec tout ce que Picasso avait réalisé. Et, à la mort de mon père, elle avait fait preuve d'une force et d'un courage qui m'avaient étonné. Elle s'était même davantage souciée de la perte que Kira et moi avions subie que de la sienne. *Son influence était certainement l'une de celles vers lesquelles je devais me tourner à nouveau*, ai-je pensé.

Mais y avait-il des personnes qui me freinaient? Des gens qui, d'une certaine manière, n'étaient pas des éléments positifs dans ma vie? J'ai aussitôt pensé à David et à Sven. Et dans ma vie personnelle? Quand Annisha et moi nous disputions... je ne m'étais peut-être pas toujours bien conduit, mais était-ce à cause d'elle? Ou faisais-je uniquement de mon mieux pour sortir vainqueur de ces altercations? Annisha était l'une des personnes les plus optimistes que je connaisse et c'était probablement pour cela qu'elle avait tenu le coup si longtemps alors que je m'opposais à elle à la moindre occasion.

Et Tessa? Elle était pleine d'entrain, drôle, belle. En fait, elle me faisait beaucoup penser à Annisha. J'aurais aimé qu'elle reste dans ma vie, mais de quelle façon? J'ai décidé qu'à mon prochain arrêt, je répondrais enfin à son message. Je lui dirais la vérité ; j'étais en transition ; je tentais de donner un sens à ma vie sur plusieurs fronts à la fois. Je lui dirais que j'avais apprécié ses mots, ses pensées, mais qu'il faudrait que je lui parle de sa proposition à mon retour. J'avais besoin de temps pour mettre de l'ordre dans mes idées.

Il n'était pas encore midi lorsque j'ai franchi l'entrée du Parc national des Hautes-Terres-du-Cap-Breton. Sur une centaine de kilomètres, la route longerait le pourtour du parc, le long du littoral. Mary m'avait suggéré de faire une courte randonnée dans ce secteur. J'avais hâte de descendre de voiture, de m'étirer les jambes et d'avaler une bouchée.

J'ai suivi les indications menant au Chemin du Buttereau et je me suis engagé sur un petit terrain de stationnement non asphalté. Au début du sentier, un écriteau indiquait qu'il fallait environ 90 minutes pour le parcourir. J'ai regardé autour de moi. C'était une chaude journée printanière et le soleil était haut dans un ciel sans nuages, mais le stationnement était désert et il n'y avait personne en vue.

Mary m'avait averti de faire attention aux coyotes. En temps normal, ils ne s'approchaient pas des êtres humains, mais un randonneur s'était fait attaquer récemment. J'ai décidé que je mangerais dans la voiture après la randonnée. Mary m'avait prêté un lourd bâton de marche, uniquement par mesure de précaution. À part le bâton, je n'ai emporté qu'une bouteille d'eau.

Étroit et sinueux, le sentier est vite devenu escarpé. J'avais parfois l'impression de gravir un escalier aux marches basses en passant d'une racine à une grosse roche. De chaque côté, les pins étaient denses et l'odeur épicée de leur sève flottait dans l'air. Des oiseaux s'interpellaient tout autour de moi. Autrement, la forêt était silencieuse.

Mary m'avait dit que, pendant deux kilomètres, je monterais d'environ 60 mètres avant d'atteindre une boucle au sommet. «La vue est spectaculaire là-haut», avait-elle précisé.

Mais elle ne m'avait pas mentionné le caractère historique de cette randonnée. Environ 20 minutes après le début de mon ascension, j'ai vu un écriteau au bord du sentier. Il indiquait que, à ma gauche, je verrais les vestiges de l'une des cinq dernières maisons qui restaient d'un hameau canadien-français appelé Le Buttereau. Et effectivement, lorsque j'ai jeté un coup d'œil sur le flanc de la colline, j'ai vu à travers les arbres et les buissons un carré de pierres brutes: les fondations d'une petite maison.

Je savais que c'était un territoire canadien-français – Mary m'avait également suggéré de m'arrêter au petit village de pêche acadien de Chéticamp avant d'entrer dans le parc.

Donc, une heure avant d'avoir entrepris cette randonnée, j'avais quitté l'autoroute et garé ma voiture près d'un restaurant au bord de l'eau. Quelques boutiques et autres bâtiments étaient entassés le long de l'étroite bande de terre qui séparait la route de la baie. Mary avait pensé que j'aimerais peut-être jeter un œil sur les tapis crochetés qu'on y vendait, une forme d'artisanat propre à la région, ou goûter à la *tchaude*, une soupe de poisson, une spécialité locale, mais j'avais envie de rester dehors et je n'avais pas suffisamment faim pour m'arrêter dans un restaurant.

Je descendis plutôt un escalier de bois menant à un trottoir de planches et je marchai jusqu'à une série de petits quais. Des bateaux de pêche commerciaux modernes, très différents de celui d'Ahmet, étaient alignés le long de la jetée. Un écriteau sur l'un des quais proposait des croisières d'observation de baleines. Une autre petite embarcation de pêche était amarrée sous l'écriteau, à côté d'un Zodiac. Mary m'avait également suggéré de faire cette croisière sur l'un des vieux bateaux – le canot pneumatique était bruyant et produisait des vibrations qui troublaient la vie marine. Mais j'avais plutôt opté pour une randonnée pédestre, un peu plus tard.

Avant de retourner à ma voiture, j'avais longé la route jusqu'à ce que les restaurants et les magasins fassent place à une rangée de modestes maisons de bois. Un petit trottoir courait devant elle, les séparant (à peine) de la circulation automobile. Derrière elles, j'ai vu un étroit ruban d'herbe et ensuite les eaux du golfe du Saint-Laurent.

La piste Cabot était autrefois une route de terre battue. Elle avait dû être beaucoup plus étroite qu'aujourd'hui, et ces maisons avaient été plantées là de façon précaire, les eaux salées et glacées du golfe venant clapoter contre leur porte arrière. Mary m'avait dit que l'on parlait encore français à Chéticamp et dans ses environs. Les habitants étaient les descendants de ces Acadiens qui, au milieu des années 1700, avaient été chassés par les Anglais de la vallée d'Annapolis, située dans la partie continentale de la Nouvelle-Écosse.

Après la confiscation des colonies françaises d'Acadie en 1710, ils avaient demandé aux Acadiens de porter allégeance à l'Angleterre. Mais la majorité des Acadiens, des fermiers prospères, ne s'intéressaient pas à la politique – et plus que tout, ils ne souhaitaient pas se mêler des différends qui opposaient les Français et les Anglais en Amérique du Nord. Cependant, quelques-uns d'entre eux avaient aidé à approvisionner les forteresses françaises situées sur les territoires actuels de la Nouvelle-Écosse et du Nouveau-Brunswick. Et bien que la grande majorité des Acadiens aient vécu paisiblement sous le joug des Anglais pendant des décennies, ces derniers voyaient en eux une menace et ont commencé à les déporter en Europe et dans des colonies anglaises.

Un grand nombre d'Acadiens envoyés en France avaient immigré plus tard dans des colonies françaises en Amérique du Nord. La plupart étaient allés s'établir en Louisiane et leurs descendants sont devenus les Cajuns. Je savais cela, mais Mary avait ajouté qu'un petit nombre d'entre eux avaient choisi l'île du Cap-Breton et s'étaient installés le long de la côte, au nord-ouest. En marchant devant ces petites maisons, j'ai compris à quel point ces Acadiens avaient dû se sentir isolés – quelques centaines d'âmes s'accrochant à la mer et aux étendues rocheuses de cette île montagneuse.

Quelle avait été leur vie ? Venues d'une communauté rurale composée de milliers d'habitants, ces quelques familles avaient dû dépendre entièrement les unes des autres. Mais si Chéticamp était un village isolé, qu'en avait-il donc été du Buttereau ?

Pendant que je déambulais autour des fondations de ce hameau, si détériorées qu'elles ressemblaient davantage à un affleurement rocheux, j'ai tenté d'imaginer comment ces familles nombreuses avaient pu survivre dans des habitations aussi minuscules. Il y avait des espaces dégagés plus bas – les vestiges de terres agricoles – qui s'étendaient jusqu'à la rivière Chéticamp. J'avais de la difficulté à imaginer qu'on avait pu cultiver une terre aussi accidentée et passer des jours en mer à bord de fragiles bateaux de pêche, comme le faisaient les hommes de ces familles.

Les écriteaux placés le long du sentier m'ont appris que lorsque les eaux étaient libres, les hommes passaient le dimanche à la maison à Le Buttereau, mais le reste de la semaine dans des camps de pêche de Chéticamp ou de La Bloque. L'hiver, la rivière gelée permettait aux familles d'aller s'approvisionner en ville ou, des années plus tard, d'envoyer leurs enfants à l'école. Pendant la saison chaude, pour aller en ville, les gens suivaient une piste réservée aux chariots, c'est-à-dire le sentier sur lequel je me trouvais.

Cette mince bande de terre n'avait jamais pu abriter que quelques familles. En 1936, il n'y avait que les Leblanc (deux familles), les Chiasson, les LeBrun et les Deveau. Chacune d'elles avait entre 9 et 11 enfants. Cinquante personnes en tout.

Mon monde était tellement différent. J'avais des centaines de collègues, des centaines d'amis, le quartier où j'habitais s'étendait sur des kilomètres et des kilomètres. Il y avait 80 élèves de 1re année à l'école que fréquentait Adam. Tant de gens. J'ai pensé à la lettre de Julian : choisissez bien les gens qui font partie de votre vie. Je *pouvais* choisir. Autrefois, tant de gens n'avaient pas ce luxe. Ils n'avaient pas le choix et, pourtant, beaucoup dépendaient de la poignée d'âmes qui formait leur communauté.

La vue était effectivement magnifique au bout du Chemin du Buttereau : les courbes du littoral et de ses plages tout en bas, les flots bleus se perdant au loin. Mais ce panorama spectaculaire n'était qu'un début.

Une heure plus tard, alors que je roulais dans les hautes terres, négociant les virages en épingle à cheveux, les descentes raides et les montées vertigineuses, je me suis demandé s'il était possible de circuler sur une route pareille sans un six cylindres sous le capot. Je comprenais pourquoi cette partie du monde était restée si peu peuplée. Je me suis arrêté à de nombreux belvédères pour admirer l'océan et ensuite les montagnes d'un vert profond.

Je suis passé devant le centre d'interprétation de la baleine de Pleasant Bay, notant mentalement qu'il me faudrait revenir avec Adam. Je me suis arrêté pour jeter un coup d'œil à la résidence d'été d'Alexander Graham Bell, près du centre d'information d'Ingonish. Je suis resté assis pendant un long moment sur la plage à Wreck Cove, observant les vagues s'écraser sur les galets. C'était déjà la fin de l'après-midi lorsque je me suis engagé dans l'allée menant chez Mary et Angus.

La petite fête organisée par Mary s'est révélée une soirée extraordinaire. Il y avait des montagnes de homard frais, et après que la table a été desservie, les violons et les harmonicas ont pris possession des lieux. Les amis de Mary et d'Angus étaient pleins d'entrain, actifs, amusants et passionnés. Ils parlaient de tout, de politique et d'art, du monde des affaires et de musique. Mais j'ai surtout apprécié une conversation paisible que j'ai eue avec le père d'Angus avant l'arrivée des invités.

J'avais offert à Mary et Angus de les aider dans la cuisine, mais Mary m'avait chassé au salon. « Prenez une bière avec Don, Angus et moi travaillons plus vite lorsque nous sommes seuls. »

Don n'était pas grand, mais il avait la solide constitution de ces hommes qui ont passé leur vie à travailler physiquement. Ses mains étaient veinées et calleuses, ses épaules légèrement voûtées, mais il y avait encore des étincelles dans ses yeux verts.

J'ai apporté à chacun une bouteille de bière. (Lorsque j'avais offert un verre à Don, je n'ai obtenu qu'un « chut ! » en guise de réponse.) Nous nous sommes installés dans les gros fauteuils de la salle de séjour et avons admiré la nature qui s'étalait devant nous. Angus m'avait dit que son père avait été mineur, mais j'étais curieux de savoir à quoi avait ressemblé sa vie. Don a semblé ravi de me donner des détails.

Il avait commencé à travailler dans les mines à l'âge de 13 ans.

« Mon père, mes oncles et tous les autres avaient commencé à l'âge de 10 ans. Cependant, à mes débuts, l'âge minimal avait été haussé à 14 ans. Mais nous avions besoin d'argent, vous comprenez ? Je n'allais pas attendre un an. J'ai menti à propos de mon âge, et mon père et ses copains ont corroboré mes dires. »

Mais les jeunes n'avaient pas la permission d'extraire le charbon. Don restait donc assis 12 heures par jour, dans le noir le plus total, à attendre qu'un coup soit donné sur les grandes portes de bois qui séparaient les zones d'extraction et les puits. « Je faisais entrer les mineurs. Et puis, je les faisais sortir lorsque leurs chariots étaient pleins. »

Don m'a dit qu'il avait trouvé les journées moins longues une fois qu'il avait été assez âgé pour extraire le charbon et le transporter. Ensemble, les hommes trouvaient des moyens de faire passer le temps plus rapidement. Ils se racontaient des blagues et des histoires. Ils chantaient des airs folkloriques et des ballades. Mais les jours étaient tout de même longs. L'hiver, il faisait noir lorsque les mineurs descendaient, et noir lorsqu'ils remontaient.

« On ne voyait le soleil que le dimanche, mois après mois », a dit Don en riant.

Et puis, il y avait les « coups de grisou ». « J'en ai vécu 16 », a dit Don en passant sa main sur son front. Ces explosions de poussière de charbon et de gaz, alors qu'on était prisonniers des galeries, avaient coûté la vie à un très grand nombre de ses amis et parents.

« Comment avez-vous réussi à vous en sortir ? » ai-je demandé, dérouté par l'horreur de ce travail sous terre.

« Comprenez-moi bien, mon garçon », a dit Don. Son héritage gaélique teintait son accent. « C'était dur comme travail. Mais c'était une bonne vie.

– Que voulez-vous dire ? ai-je demandé. Comment pouvez-vous affirmer cela ? »

Don a gardé le silence pendant quelques secondes. Et puis, il a donné une petite tape de la main sur le bras de son fauteuil et a dit : « Je ne sais pas si vous pourrez comprendre. C'est le fait de travailler avec un groupe de camarades, des gars qui tiennent chaque jour notre vie entre leurs mains. Après une première explosion, on ramène des copains à la surface, et on en enterre d'autres. Quelqu'un creuse dans les décombres pour nous retrouver, pour nous tirer de là. On reste assis en bas, prisonnier, pendant des heures. Parfois avec une dizaine d'autres mineurs, tous blottis les uns contre les autres. Lorsqu'on redescend après le coup de grisou, on ne voit plus ces gars de la même manière. On sait qu'il y a maintenant entre nous un lien qui ne se brisera jamais. On sent qu'on a de la chance. Qu'on est béni.

– Ouah ! » ai-je dit, toujours incrédule. « Quand même, je crois que j'aurais préféré être pêcheur.

– Jésus, Marie, Joseph ! » s'est exclamé Don. Vous ne me feriez pas embarquer sur l'un de ces rafiots pour tout l'or du monde. Vous voulez entendre parler d'un métier dangereux ? Alors, adressez-vous à Joe, le père de Mary. » Don a secoué la tête. « Les pêcheurs sont des gars courageux. Ça, je peux vous le dire. »

CHAPITRE HUIT

TOUTE LA JOURNÉE, J'AVAIS TRAVERSÉ de minuscules villages de pêcheurs. Mineur ou pêcheur – voilà l'unique choix de carrières pour des générations d'hommes dans cette partie du monde. C'était un travail collectif, risqué. Au Japon, sur l'une des îles les plus peuplées du monde, on m'avait rappelé à quel point il est important de bien traiter les autres. Ici, je découvrais la valeur inestimable des relations humaines. Ici, les gens avec qui l'on vivait et travaillait comptaient beaucoup. Ici, ces relations pouvaient être une question de vie ou de mort.

De prime abord, cette vie m'apparaissait très différente de la mienne. À part Adam, qui dépendait de moi comme Don avait dépendu des autres mineurs ? Et puis, j'ai pensé à Juan. Peut-être que mon monde n'était pas si différent, après tout. Il y avait eu un moment, peut-être plusieurs, où j'avais tenu la vie de Juan entre mes mains. Et je ne l'avais pas ramené à la surface.

Chapitre neuf

Après mon séjour chez Mary et Angus, j'ai pris l'avion de Sydney à Halifax, où j'ai passé une nuit à l'hôtel. Il fallait que je sois à l'aéroport tôt le lendemain matin pour m'envoler vers Shanghai, ma prochaine destination. D'après la note que Julian m'avait envoyée, je n'y passerais même pas une journée entière. Avant d'entreprendre ce voyage, j'aurais trouvé cette dépense extravagante : parcourir la moitié de la surface du globe pour faire aussitôt demi-tour et revenir, mais je commençais à considérer ces déplacements internationaux avec une désinvolture positive.

Après une escale à Newark, j'ai pu dormir un bon moment. Je suis arrivé à Shanghai à 14 heures (3 heures à Halifax). J'y ai été accueilli par Yu Feng, un jeune homme à l'air sérieux qui m'a annoncé qu'il serait mon interprète et mon guide. Il a pris mon sac et nous sommes rapidement sortis du terminal. Une Bentley noire rutilante nous attendait. Nous avons tous les deux pris place à l'arrière.

« M. Gao vous transmet ses regrets les plus sincères, mais il assiste à une réunion qu'il lui était impossible de reporter. Il espère que vous pourrez le rejoindre à son bureau à 18 heures. De là, il vous emmènera chez lui pour dîner. Entre-temps, je peux vous faire visiter les sites qui vous intéressent à Shanghai. »

J'ai consulté ma montre. Il m'avait fallu beaucoup de temps pour récupérer mon sac et remplir les formalités de douane et d'immigration. J'avais néanmoins quelques heures devant moi pour visiter la ville, mais la perspective d'une douche chaude et d'une courte sieste m'apparaissait plus séduisante. J'ai remercié Yu Feng et je lui ai demandé de me conduire à mon hôtel.

Il a échangé quelques mots avec le chauffeur et, un instant plus tard, nous roulions rapidement dans le dense paysage urbain de Shanghai.

« Aimeriez-vous boire quelque chose ? » a demandé Yu Feng en ouvrant une petite porte à l'arrière du siège qui se trouvait devant lui. Il y avait là un minibar. Il a ensuite rabattu une tablette sur le siège de cuir qui se trouvait entre nous.

« Seulement de l'eau, ai-je dit. Merci. » C'était dommage de ne pas profiter de ce luxe, mais je n'avais pas envie de boire de l'alcool.

Nous avons traversé un pont au-dessus d'une étendue d'eau sombre. « C'est la rivière Huangpu », a dit Yu Feng. Et puis il a ajouté : « Le bureau de M. Gao est situé au centre-ville, mais nous vous avons réservé une chambre dans un hôtel qui se trouve non loin du Bund. »

J'ai regardé Yu Feng d'un air absent.

Il m'a expliqué que le Bund était un grand boulevard qui longeait la rive ouest de la rivière Huangpu. C'était un secteur où les expatriés européens avaient construit de somptueux édifices dans les années 1920 et 1930.

« Cette artère est très populaire auprès des touristes américains et européens. Elle est aussi très belle la nuit », a-t-il conclu.

J'ai hoché la tête sans rien dire. Je pensais à une cascade d'eau chaude et à un shampoing moussant.

En franchissant le seuil de ma chambre, je me suis arrêté brusquement, me disant qu'il devait y avoir une erreur. Toutefois, dès que la voiture s'était rangée devant l'hôtel, j'avais su que l'établissement serait splendide. Dans le hall, avec son plafond haut de trois ou quatre étages, le plancher était de marbre noir, brillant comme du verre. L'ameublement était distingué et il y avait de grands palmiers partout. Mais les halls d'hôtel sont parfois trompeurs.

J'avais vu des endroits qui avaient de prime abord l'air d'établissements cinq étoiles, alors que les chambres étaient à peine dignes de ces petits motels où mes parents s'arrêtaient pour la nuit lors de nos voyages familiaux. Je m'attendais donc à une belle chambre, sans me faire d'illusions.

Mais ça ! Cette chambre était bien plus que « belle », elle était époustouflante. Je me suis tourné vers Yu Feng qui avait insisté pour m'accompagner. Il avait les sourcils froncés et s'adressait au groom dans un mandarin rapide et vibrant de colère.

« Veuillez accepter mes plus humbles excuses », m'a-t-il dit après en avoir terminé avec le malheureux. « Je disais justement à ce garçon qu'il était censé y avoir des fruits, du champagne et un goûter dans cette chambre à votre arrivée. Il m'a assuré qu'on montait le tout immédiatement. »

Debout à l'entrée de ma chambre, j'ai contemplé un espace qui était nettement plus vaste que mon appartement. Devant moi, il y avait des fenêtres du sol au plafond, sur toute la largeur de la pièce. En avançant, j'ai constaté que je disposais non seulement d'un salon spacieux, mais aussi d'une salle à manger. J'ai ensuite longé un corridor qui débouchait sur une chambre à coucher plus grande que toutes celles où il m'avait été donné de séjourner. Il y avait des fauteuils dans un coin, ainsi qu'une alcôve enchâssant une table de travail. La salle de bain était un enchantement de lumière et de marbre. Je suis revenu dans le salon tout étourdi. Yu Feng m'a regardé curieusement.

« Vous voulez certainement vous reposer. Je vous laisse », a-t-il dit en faisant un petit salut de la tête. « Je reviendrai à 17 h 30 pour vous conduire chez M. Gao. »

APRÈS LE DÉPART DE YU FENG, j'ai poursuivi mon exploration. Dans la salle de bain, il y avait une armoire en face de la baignoire. J'ai fait coulisser la porte d'acajou, révélant un énorme écran de télévision. J'ai ouvert les robinets de la baignoire et je suis retourné dans le salon où le goûter était maintenant servi. J'ai rempli une assiette avec du chocolat vénézuélien, du brie, des craquelins et des raisins.

J'ai débouché une petite bouteille de cabernet sauvignon et m'en suis versé un verre. J'ai posé le tout sur un plateau et je suis revenu dans la salle de bain. J'ai placé mon goûter sur le large rebord en marbre de la baignoire. J'ai ensuite déniché une télécommande dans un petit tiroir sous la télé. J'ai consulté la programmation cinéma et trouvé l'un de mes films à suspense préférés.

Les jets d'hydromassage, le bon vin et la nourriture raffinée m'ont rempli de chaleur et j'ai rapidement perdu tout intérêt pour le film. Au moyen de la télécommande, j'ai fermé la télé et allumé la chaîne stéréo. Une heure plus tard, je suis sorti de la baignoire détendu, rafraîchi et émerveillé par la chance qui était la mienne. J'ai enfilé une robe de chambre de coton pelucheuse. Alors que la musique emplissait la suite, j'ai sorti mon journal et je me suis dirigé vers le salon. Je me suis étendu sur un canapé profond et moelleux, et j'ai écrit en haut d'une page vierge : *Quelle extraordinaire façon de vivre ! Je pourrais m'y habituer !* Et j'ai refermé le calepin avec un bruit sec.

YU FENG ET LE CHAUFFEUR sont venus me cueillir à l'heure prévue et la Bentley nous a prestement conduits jusqu'à la tour miroitante où se trouvait le bureau de M. Gao. Yu Feng m'a guidé à travers un grand hall d'entrée tout de verre et de fontaines, et ensuite jusqu'au dernier étage.

Yu Feng a poussé une porte vitrée et une ravissante jeune femme, la réceptionniste, s'est levée immédiatement.

« Monsieur Yu, monsieur Landry, a-t-elle dit. Je suis désolée. M. Gao était certain que sa réunion serait terminée à 18 heures, mais il y est toujours. Je vais l'informer que vous êtes là. »

Au même moment, une porte s'est ouverte au bout du couloir et plusieurs hommes sont apparus. Des voix fortes et des rires les enveloppaient comme une vague. Alors qu'ils pénétraient dans l'aire de réception, j'ai aperçu un visage familier. J'ai cru avoir la berlue. Et puis, il y avait cette voix.

« Monsieur Gao, je suis heureux que vous soyez d'accord avec nous. C'est vraiment l'un des meilleurs scénarios qu'on m'ait proposés. » C'était un acteur, une vedette de cinéma. Je l'avais vu dans des dizaines de films à suspense et dans quelques comédies romantiques. Et il se dirigeait vers moi. À ses côtés se trouvait un autre homme que j'ai cru reconnaître. Son nom m'échappait, mais je l'avais vu dans des interviews, ou lors d'une remise de prix. Un réalisateur, peut-être ; ou bien un producteur célèbre. Et avec eux, un Asiatique plutôt grand qui me regardait. Il a posé la main sur l'épaule de l'acteur et lui a dit quelques mots à voix basse. Il s'est ensuite détaché du groupe et s'est dirigé vers moi.

« Jonathan Landry », a dit l'homme en me tendant chaleureusement la main. « Gao Ming. » Selon la tradition chinoise, il avait d'abord énoncé son nom de famille. « Je suis profondément désolé de vous avoir fait attendre. Permettez-moi de vous présenter quelques-uns de mes nouveaux associés en affaires. »

J'ai découvert que M. Gao était un investisseur en capital de risque. L'un de ses plus récents investissements concernait une nouvelle compagnie de production hollywoodienne créée par un groupe comprenant l'acteur et l'autre homme, un réalisateur, ai-je appris. Ils venaient de signer les derniers documents d'entente.

« Vous allez vous faire gâter », m'a dit l'acteur. Il souriait, la main posée sur le dos de M. Gao.

On dit que lorsqu'on rencontre des gens célèbres, on les trouve toujours plus petits que ce à quoi on s'attendait. Mais ce type était aussi grand et musclé qu'au grand écran. Sa tenue était décontractée, mais ce qu'il portait ne correspondait en rien aux vêtements que je possédais.

Je me suis demandé si c'était à ça que les vêtements de designer ressemblaient, si des chemises et des jeans hors de prix n'avaient pas une allure qui leur était propre. Ses lunettes de soleil étaient remontées sur sa tête. On aurait dit qu'elles avaient été perchées là toute la journée, collées sur ses tempes, prêtes à glisser devant ses yeux au cas où il souhaiterait passer incognito en une seconde.

« Demandez à M. Gao de vous emmener sur son yacht », m'a conseillé l'acteur. Il a fait un geste en direction de Gao Ming. « Quelle belle soirée nous avons eue hier ! Incroyable. Sérieusement, monsieur Gao, votre bateau est magnifique. Et personne ne vous arrive à la cheville pour organiser une fête. Merci. Merci pour tout. » Pendant que Gao Ming et l'acteur se serraient la main, un jeune homme s'est penché vers M. Gao et lui a parlé à voix basse.

Gao Ming a alors dit : « Messieurs, l'hélicoptère est arrivé. Nous montons ? » Et puis il s'est tourné vers moi.

« Jonathan, aimeriez-vous m'accompagner pendant que je fais mes adieux à mes amis ? »

Je n'avais encore jamais posé les pieds sur un héliport. Nous avons emprunté une porte à l'autre extrémité du hall et sommes montés dans un ascenseur. Un étage plus haut, les portes se sont ouvertes sur le toit. Un hélicoptère s'y trouvait, les hélices en mouvement. C'était surréaliste – être debout sur le toit d'un édifice, à plus de 100 étages au-dessus du sol, le vent soufflant au-dessus de nos têtes, un ciel étrangement dégagé à perte de vue. Le toit des autres gratte-ciel ressemblait à des plates-formes flottantes, de petits points dans le canyon de béton qui nous entourait.

L'acteur, le réalisateur et deux autres hommes se sont pliés en deux et se sont dirigés en trottant vers l'hélicoptère. On aurait dit qu'ils faisaient ça tous les jours. Ils sont montés à bord et l'appareil s'est détaché lentement du toit. Gao Ming et moi avons agité la main en guise d'adieu. J'ai vu que l'acteur nous saluait en retour. Et puis, M. Gao et moi sommes redescendus.

« Je suis désolé de ne pas avoir pu envoyer l'hélicoptère vous chercher à l'aéroport, mais il fallait que l'appareil soit soumis à un contrôle technique en vue du vol d'aujourd'hui. »

Je ne savais pas quoi dire. Il ne m'était pas venu à l'idée que je puisse profiter d'un tel mode de transport.

Pendant que l'ascenseur nous ramenait au bureau de M. Gao, les pensées se bousculaient dans ma tête. La vie de Gao Ming me poussait à réviser ma conception du luxe. Jamais auparavant n'étais-je monté dans une Bentley, mais c'était maintenant une expérience que j'aurais hâte de renouveler. Et le chauffeur. Et puis cette suite à l'hôtel, ce bureau qui en mettait plein la vue, l'hélicoptère. Et l'acteur. N'était-ce pas un mode de vie somptueux ? Cela m'a fait penser au grand plan que j'avais élaboré à la fin de mes études secondaires.

À L'INSTAR DE TELLEMENT D'ENFANTS, j'ai considéré l'école secondaire et l'adolescence comme une épreuve à traverser. Non pas parce que je n'étais pas populaire, que j'éprouvais des difficultés à l'école ou que j'étais tourmenté par l'insécurité. L'ado que j'étais vivait dans un état constant d'insatisfaction. Même si je savais que beaucoup d'enfants étaient moins choyés que moi, je ne voyais que ceux qui l'étaient davantage.

Au moment de la semaine de relâche scolaire ou des vacances d'été, je dressais mentalement une liste des enfants qui partaient en voyage – dans les Caraïbes ou à la montagne en mars, au chalet ou en Europe en juillet. Je remarquais toujours ceux qui avaient le plus beau vélo, les meilleurs patins, le plus d'argent de poche. Je savais dans quelles maisons ils vivaient et la marque de la voiture que leurs parents conduisaient.

Sans compter les ados qui possédaient leur propre voiture – leur chance était pour moi comme un néon clignotant sur la devanture d'un magasin où il ne m'était pas permis d'entrer. C'est pendant ces années où j'ai été rongé par la convoitise que j'ai décidé que je ne mènerais pas la même vie que mes parents – coupons de réduction, voitures d'occasion et vacances bon marché. J'allais gagner beaucoup d'argent à la fin de mes études. Et je vivrais avec style.

Bien entendu, il n'y a rien de tel que la réalité pour obliger quelqu'un à réviser ses attentes. Je n'avais pas réussi à m'offrir une Bentley, mais j'étais tout de même le propriétaire d'une maison plus grande que celle dans laquelle j'avais grandi, et j'avais gravi l'échelle organisationnelle de manière à jouir d'un mode de vie plus luxueux que celui de mes parents.

Cependant, au cours de ce voyage que j'effectuais pour Julian, j'avais commencé à considérer ces buts comme moins importants, à remettre en question certaines de mes priorités et à voir la « belle vie » sous un jour nouveau. Cette rencontre avec Gao Ming m'a rappelé pourquoi je m'étais fixé ces buts au départ. Sa vie avait l'air plutôt fantastique. C'était indéniable. Mais contrairement à Julian, je n'avais pas de Ferrari à vendre. Mais étais-je prêt à vendre mon rêve de posséder un jour une Ferrari ?

Gao Ming m'a conduit à son bureau. C'était bien entendu une immense suite de coin aux murs vitrés. Elle était meublée de meubles antiques laqués. D'un côté, il y avait un canapé et des fauteuils recouverts de brocard de soie ; d'un autre, un luxueux bureau en ébène. Une bouteille de champagne était couchée dans un seau à glace sur la table à salon devant nous.

« Nous n'avons pas tout bu pendant la réunion », a dit Gao Ming en regardant la bouteille. « Désirez-vous y goûter ou préférez-vous que nous prenions un verre chez moi avant le dîner ? »

Autant j'aurais aimé m'attarder dans ce lieu élégant, à boire du champagne et à admirer la ville de Shanghai qui s'étendait à nos pieds, autant j'étais curieux, sinon plus, de voir où – et comment – vivait Gao Ming.

« J'accepte avec joie votre invitation, ai-je répondu.

– Très bien, a dit Gao Ming. J'ai hâte de rentrer à la maison. J'ai été très occupé ces derniers jours à distraire ces gens de l'industrie du cinéma. Ma résidence, ma femme et ma fille me manquent.

– Ah oui, j'ai entendu parler du yacht !

– Oui, mais j'espère que vous ne m'en voudrez pas si je ne vous invite pas à bord cette fois-ci. Julian m'a dit que vous aviez peu de temps. De toute manière, l'équipage n'a pas fini de le remettre en ordre.

– Pas de problème », ai-je dit, peut-être avec un peu trop d'insistance. En fait, j'étais un peu déçu de ne pas voir ce trophée qui avait tant impressionné un géant d'Hollywood qui en avait certainement vu d'autres.

Gao Ming est allé jusqu'à son bureau et a appuyé sur une touche de son téléphone. « Yang Jing-wen, veuillez demander à Song Hung d'avancer ma voiture. Jonathan et moi sommes prêts à partir. » Et puis il s'est tourné vers moi.

« J'ai pris ma voiture personnelle ce matin afin que ma voiture de fonction et mon chauffeur soient à votre entière disposition pendant la journée. »

Dans l'ascenseur qui nous ramenait au rez-de-chaussée, je me suis demandé pour quel genre de voiture un homme comme Gao Ming avait opté. Une berline Mercedes ou une voiture sport ? Peut-être une Maserati ou une Porsche ? Peut-être une Lamborghini ? Ou même une Ferrari ?

Lorsque nous avons franchi les portes de verre, j'ai balayé du regard les voitures garées le long du trottoir. Il y avait une Lexus, une Alfa Romeo, une BMW et une Aston Martin. J'ai misé sur l'Aston Martin. Je m'apprêtais à me diriger vers elle lorsque j'ai entendu Gao Ming me dire : « Par ici, Jonathan. » Il s'est engagé dans la direction opposée, vers un homme en livrée qui avait un trousseau de clés à la main. L'homme était debout à côté d'une Volvo familiale.

« Merci, Song Hung », a dit Gao Ming en prenant les clés et en se dirigeant vers la portière du côté conducteur de la Volvo.

Je me suis rendu compte que j'étais resté sur le trottoir à observer Gao Ming, la bouche légèrement entrouverte, complètement figé sur place. J'ai refermé la bouche et je me suis avancé rapidement vers la portière du côté passager. Je l'ai ouverte et j'allais m'asseoir lorsque j'ai vu qu'il y avait un magazine sur le siège.

« Oh, désolé », a dit Gao Ming en ramassant le magazine et en le jetant sur la banquette arrière. « C'est à ma fille. »

J'étais tellement étonné par la voiture que je n'ai rien dit pendant que Gao Ming s'engageait dans la circulation.

Après tout, c'était le genre de voiture que mes voisins conduisaient, le modèle que l'on voyait partout dans le parc de stationnement quand Adam disputait un match de soccer. Je n'avais rien à redire, mais ce n'était pas le type de véhicule que j'avais imaginé voir conduire un homme aussi riche que M. Gao.

Nous avons emprunté diverses grandes artères, toutes bordées d'innombrables immeubles de bureaux et de bâtiments résidentiels. À chaque tournant, je m'attendais à un changement de décor, à l'apparition d'une banlieue avec ses habitations peu élevées, ou même à un îlot de verdure, mais la ville semblait s'étirer sans fin. Gao Ming et moi avons bavardé gentiment. Il m'a parlé de certains de ses plus grands projets, incluant la compagnie de production et une nouvelle entreprise brésilienne qu'il finançait. Je lui ai parlé de mon travail dans l'industrie de l'automobile. Finalement, je lui ai demandé comment il avait fait la connaissance de Julian.

« Nous nous sommes rencontrés au tribunal. Il m'avait intenté un procès », a dit Gao Ming avec un petit rire.

« En fait, c'est son client qui m'avait intenté un procès, mais il n'a pas eu gain de cause.

– Je croyais que Julian ne perdait jamais », ai-je dit. Ce n'était un secret pour personne.

« Son client n'avait pas d'arguments en sa faveur, quoique cela n'ait généralement pas d'importance pour Julian. J'ai seulement eu la chance que le procès ait lieu à la fin de sa carrière. Il n'était plus tout à fait au sommet de son art.

– Laissez-moi deviner. Il a communiqué avec vous lorsqu'il est revenu de son séjour dans l'Himalaya.

– Vous ne faites pas erreur», a dit Gao Ming en ralentissant avant de se garer dans l'une des rares places de stationnement qui restaient sur la rue.

«Je vous prie de m'excuser. J'ai à faire dans ce café, juste là. J'en ai pour une minute.»

Il est descendu de voiture et je l'ai regardé courir sur le trottoir et disparaître dans un petit café bien éclairé. Il était plus de 20 heures et l'endroit avait l'air bondé. Je pouvais voir des dizaines de personnes assises autour de petites tables alignées jusqu'à l'arrière de l'étroit établissement.

Comme promis, Gao Ming est revenu une minute plus tard. Il avait l'air content lorsqu'il est remonté dans la voiture.

«Un autre de mes investissements. Chang Wei est originaire de ma ville natale. Il s'est lancé en affaires ici à Shanghai avec un petit chariot de nourriture dans une allée de centre commercial. J'avais payé la moitié du chariot. Aujourd'hui, son café est l'un des plus populaires dans cette partie de la ville. Nous parlons d'en ouvrir un deuxième.

– Les affaires semblent en effet florissantes.

– Eh bien, c'est vrai pendant la soirée. Ici, c'est l'heure où les gens sortent prendre un café – l'après-midi et le soir. Le café ne fait pas encore partie des habitudes matinales en Chine. Mais Chang Wei y travaille. Il a maintenant quelques habitués du matin. Et il tente d'attirer une clientèle plus âgée. Actuellement, sa clientèle est surtout composée de jeunes. De quelques gens d'affaires aussi. Mais les clients de mon âge considèrent encore le café comme une mode occidentale. »

Gao Ming a reporté son attention sur la route pendant que je regardais le petit café disparaître dans le rétroviseur. L'entreprise me semblait drôlement petite pour un homme de l'envergure de Gao Ming.

Encore 20 minutes ont passé avant que nous quittions une rue très achalandée pour nous engager dans un stationnement souterrain. La manœuvre m'a surpris. Nous étions entourés de hauts immeubles résidentiels anonymes. Je n'avais rien vu qui ressemblait à des condos luxueux ou à une enclave urbaine huppée.

Gao Ming a garé la voiture. Les véhicules qui se trouvaient tout autour étaient modestes. Gao Ming est sorti et a ouvert la portière arrière pour y prendre le magazine et son porte-documents. Je l'ai suivi lorsqu'il s'est dirigé vers une rangée d'ascenseurs.

Son appartement, comme sa voiture, contrastait de façon saisissante avec tout ce que j'avais vu plus tôt dans la journée. Il était bien sûr beaucoup plus grand que le mien, et l'ameublement était élégant et de bon goût. Il était situé au 50e étage et la vue de la ville de Shanghai illuminée était spectaculaire. Mais tout le reste était très simple. Son épouse, Ling, une jolie femme d'âge mûr, était vêtue d'un jean foncé et d'une blouse blanche – une tenue qu'Annisha aurait pu porter. Ses bijoux étaient turquoise. Elle n'avait de diamants ni aux mains ni aux oreilles.

Leur fille, Mei, était sortie avec des amis, et nous n'étions que nous trois. M. Gao et moi avons pris un verre de vin pendant que son épouse apportait diverses choses sur la table.

« Puis-je vous aider ? » ai-je demandé en entrant dans la salle à manger.

– Non, non, a dit Ling. Merci. »

Il y avait de nombreux plats couverts sur la table. L'odeur qui s'en dégageait était divine.

« Avez-vous cuisiné tout ça vous-même ? » ai-je demandé avec stupéfaction.

M. Gao s'est adressé à sa femme en mandarin. Mon hôte parlait si bien l'anglais qu'il ne m'était pas venu à l'esprit que Ling ne soit pas parfaitement bilingue.

« Ma femme aime cuisiner. Si nous organisons une grande fête, nous faisons appel à un traiteur, mais lorsque nous sommes en famille ou avec seulement quelques amis, elle préfère tout préparer. Parfois, elle me laisse même l'aider. » M. Gao a ri et sa douce lui a lancé un regard interrogateur. Il a traduit son commentaire en mandarin et elle a souri.

J'ai mangé beaucoup plus que je ne l'aurais dû. À la fin du repas, Gao Ming et moi avons débarrassé la table, et puis il a suggéré que nous prenions le thé dans sa bibliothèque.

«J'ai quelque chose à vous donner», a-t-il dit en prenant les devants.

Nous sommes entrés dans une petite pièce aux murs tapissés de livres. Un bureau était placé contre la fenêtre, la chaise faisant face à la ville illuminée. Deux profonds fauteuils capitonnés et une table de salon ronde occupaient le reste de l'espace.

Je me suis assis dans l'un des fauteuils alors que Gao Ming se dirigeait vers le bureau. Il a ouvert un tiroir et y a pris quelque chose. Lorsqu'il s'est tourné vers moi, il tenait une petite boîte recouverte de soie rouge.

«C'est le talisman de Julian», a-t-il dit fièrement en posant délicatement la boîte dans ma main.

J'ai soulevé le couvercle et jeté un coup d'œil à l'intérieur. La boîte contenait un petit coquillage cylindrique – d'environ cinq centimètres de longueur et un centimètre de largeur. Je l'ai fait basculer dans ma main. C'était un coquillage très ordinaire. Il ne ressemblait en rien à une amulette ou à un quelconque trésor. Un parchemin était calé au fond de la boîte. Je l'ai pris et l'ai déplié.

J'ai lu:

Dans la vie, les plaisirs les plus simples sont aussi les plus grandes joies

La plupart des gens ne découvrent ce qui est vraiment important dans la vie que lorsqu'ils sont trop âgés pour en profiter. Ils passent les meilleures années de leur vie à convoiter des choses qui, à la fin, importent peu. La société nous invite à accumuler les biens matériels, mais en notre âme et conscience, nous savons que les plaisirs les plus simples sont ceux qui nous enrichissent et nous nourrissent. Que nous soyons riches ou pauvres, une abondance de plaisirs simples est à notre portée – n'attendant qu'à être appréciés. En leur permettant d'entrer dans notre vie, nous accueillons un plus grand bonheur. Notre cœur se gonfle de gratitude. Et chaque jour devient un don stupéfiant.

J'ai levé les yeux vers Gao Ming. J'ai pensé à tous les pièges de la richesse que j'avais vus pendant l'après-midi, et puis à cet appartement tout simple, à la voiture sans prétention de mon hôte.

« J'imagine que vous avez quelque chose à ajouter à propos de ceci », ai-je dit en montrant le talisman.

– Oui, je pourrais vous livrer quelques-unes de mes réflexions à propos de ce talisman et de la lettre de Julian. Mais tout d'abord, je crois que vous avez quelques questions à me poser. »

J'ai incliné la tête. Je ne savais pas exactement où Gao Ming voulait en venir.

« J'ai remarqué votre expression lorsque vous avez vu ma voiture et mon appartement. Et je pense que vous vous interrogez également à propos de ce café. Seulement, vous êtes trop poli pour en parler. Mais n'ayez pas peur de m'offenser. Posez vos questions. »

M. Gao n'était pas dupe : il avait deviné ce qui me rendait perplexe. Mais il voulait que je verbalise mes pensées, et j'allais donc devoir essayer.

« C'est le yacht, la Bentley et l'hélicoptère. Tout semble indiquer que vos affaires vont extrêmement bien, mais... » Je cherchais mes mots. Je n'arrivais pas à trouver la bonne façon de formuler ce que je pensais. « Je ne veux pas être impoli, mais votre voiture, votre appartement... Ils sont très beaux, ils sont parfaits, mais...

– Mais ce ne sont ni la voiture ni la résidence d'un homme très prospère », a dit Gao Ming en souriant. « Vous vous demandez si j'essaie de créer une illusion et de grossir ma réussite aux yeux des autres. Vous vous demandez si j'ai des difficultés financières. »

Je n'ai rien dit. J'étais gêné.

« Non, Jonathan. Je ne suis pas en mauvaise posture. Les signes de richesse que vous avez vus aujourd'hui sont tous très réels. Je suis un homme immensément riche. Et en ce qui concerne ma voiture et mon appartement – eh bien, tout cela a un lien avec ce bout de papier que vous avez entre les mains. » J'ai baissé les yeux sur la lettre de Julian.

« La Volvo est un plaisir simple ? » ai-je demandé.

Gao Ming a ri. « Peut-être l'est-ce pour quelqu'un d'autre, mais je ne m'intéresse pas vraiment aux voitures. Non, mais je suppose que quelques explications ne seraient pas superflues. Voyez-vous, Jonathan, je ne suis pas né dans une famille riche. Pas même dans la classe moyenne. En tout cas, pas selon les critères nord-américains. Mon père et ma mère travaillaient dans une fabrique de vêtements à Xintang. Le minuscule appartement dans lequel nous vivions aurait donné des allures de château à celui-ci. »

Je me suis senti rougir. Je commençais à me rendre compte que j'avais fait toutes sortes de suppositions à propos de Gao Ming et que j'en avais tiré des conclusions basées sur ma propre vie dans la classe moyenne.

« Je ne tente pas de vous embarrasser, Jonathan. J'essaie de vous expliquer gentiment toutes les contradictions que vous avez vues aujourd'hui. »

J'ai hoché la tête.

« Il me faudrait toute la soirée pour vous raconter comment j'ai quitté les usines de Xintang pour arriver jusqu'ici. Je me contenterai donc de vous dire que j'ai réussi à quitter mon village et à créer une petite entreprise ici à Shanghai. J'ai travaillé dur, j'ai eu de la chance et, finalement, j'ai vendu mon affaire pour ce qui m'a paru une rançon de roi à l'époque. Avec cet argent, j'ai commencé à investir dans d'autres entreprises, petites et grandes. Les occasions ne manquaient pas dans ce pays au cours des dernières décennies. »

Gao Ming m'a expliqué que dès qu'il avait commencé à prospérer, il s'était comporté comme tous les nouveaux riches. Il s'était acheté des vêtements coûteux, des voitures luxueuses et un yacht. Il dépensait sans compter – restaurants, vacances et cadeaux.

« La seule chose que je n'ai pas faite, c'est d'acheter un fastueux condo au sommet d'une tour ou encore une immense maison. Ma femme ne voulait pas en entendre parler. Nous nous sommes installés dans cet appartement avant la naissance de notre fille. Pour Ling, la maison, c'est ici. Elle n'a jamais voulu déménager. »

M. Gao a poursuivi en disant qu'un jour, sa femme lui avait demandé d'aller faire une promenade au parc avec elle et leur fille. Il lui avait dit qu'il n'en avait pas le temps – il devait se rendre chez un concessionnaire pour examiner une voiture sport qui l'intéressait. Déçue, Ling l'avait regardé en disant : « Tu préfères faire des achats plutôt que de vivre ? »

« Elle n'était pas en colère, mais seulement triste. Tout l'après-midi, j'ai entendu l'écho de ses paroles. Et j'ai continué à l'entendre pendant des jours, des semaines. »

Gao Ming n'avait pas acheté la voiture. Il s'était rendu compte qu'il se souciait des voitures comme de l'an quarante. Et qu'il n'avait pas besoin d'un endroit chic pour vivre. En fait, il n'appréciait pas vraiment la plupart de ces choses dont l'acquisition lui demandait tant de temps.

« Je les achetais uniquement parce que c'est ce que je croyais devoir faire. J'ai donc mis un frein à tout ça. Et tous ces biens matériels ne m'ont jamais manqué. Ce que je regrette, c'est de ne pas avoir fait cette promenade que Ling m'avait proposée. »

Gao Ming a dit qu'il conservait la Bentley et l'hélicoptère à des fins professionnelles. L'hélicoptère lui faisait gagner beaucoup de temps – du temps qu'il pouvait passer avec sa famille. Et le yacht était parfait pour recevoir, étant donné que son appartement était trop petit.

« C'est là que la sagesse du talisman entre en ligne de compte, a dit Gao Ming. J'ai compris qu'avec le mode de vie que j'avais adopté, je passais à côté des plaisirs les plus simples, mais aussi de plus grandes joies. L'argent ne fait pas le bonheur, n'est-ce pas ? » a-t-il dit. C'est ce que ma mère se plaisait à répéter.

« Comprenez-moi bien », a dit Gao Ming en se penchant vers moi d'un air sérieux. « J'ai été pauvre et je ne dirai donc jamais que l'argent n'a pas d'importance. Aujourd'hui, vous avez pu constater l'opulence de Shanghai. Mais vous n'avez pas eu l'occasion de voir l'extrême pauvreté qui existe dans ce pays. Le pauvre, ici – ou n'importe où ailleurs – a moins de choix. Il ne peut pas toujours apprécier les choses simples parce qu'il travaille dur pour éloigner la souffrance et ne pas mourir de faim. Il est trop fatigué par ce dur labeur qui lui permet de nourrir, d'habiller et de loger sa famille. Mes parents avaient très peu de temps à consacrer au plaisir, qu'il soit simple ou non. »

Gao Ming s'est adossé à son fauteuil. Et puis, il a rempli sa tasse de thé. Il m'en a offert, mais je n'avais plus soif. Il a dit ceci lentement :

« Vous savez, Jonathan, j'ai le sentiment que la plupart de ceux qui ont eu la chance d'échapper à la pauvreté ont oublié ce que la possession d'un peu d'argent apporte. Cela nous donne la liberté de faire des choix de carrière, de vivre là où nous le voulons. Cela nous incite à passer du temps avec nos amis et les membres de notre famille. Cela nous permet d'apprécier les plaisirs simples. Mais les gens pensent que l'argent ne sert qu'à acheter des choses, des biens de consommation. Ils se laissent donc distraire par le moindre jouet qui brille, comme je l'ai fait.

« Et s'ils commencent à acheter trop de choses, à dépenser trop d'argent, ils peuvent se retrouver pris au piège. Un piège peut-être bien pire que celui où le pauvre se trouve coincé. Ils deviennent les esclaves de leurs hypothèques, cartes de crédit et emprunts bancaires. Ou ils n'ont plus d'autre choix que de gagner beaucoup d'argent pour maintenir leur train de vie.

« Après tout, comme le dit toujours Julian, plus on est accro à l'*avoir*, moins on se voue au *devenir*. Et j'ai découvert que ce n'est pas en accumulant des biens qu'on trouve le vrai bonheur. Non, pour connaître un bonheur durable, il faut apprendre à goûter les plaisirs simples, comme une brise fraîche par temps chaud, ou un ciel étoilé après une dure journée de travail. Ou encore, rire avec les êtres qui nous sont chers devant un bon repas préparé à la maison.

– Le coquillage, ai-je dit en le sortant de la boîte. Ça pourrait être un plaisir aussi simple que de ramasser des coquillages sur la plage ?

– Exactement. L'un des meilleurs moments que j'ai connus dans ma vie, c'est lorsque j'ai construit des châteaux de sable avec ma femme et ma fille sur la plage à Qingdao. Le coquillage que m'a confié Julian m'a merveilleusement aidé à me rappeler les moments parfaits de cette journée parfaite. Et ces souvenirs sont une forme de richesse. »

Nous sommes restés silencieux pendant un instant. Je pensais à une autre plage, à une autre femme, à un autre enfant. Mais quelque chose me tracassait encore.

Finalement, j'ai dit : « Mais monsieur Gao, si vous êtes maintenant un homme riche, pourquoi ne pas vous retirer et consacrer tout votre temps aux plaisirs les plus simples ?

– Bonne question, a-t-il dit en riant. Ma femme ne cesse de me la poser. »

Il a pris une gorgée de thé et puis a reposé sa tasse sur la table devant nous.

« Le travail est également un plaisir pour moi, Jonathan. Mais c'est plus que ça. Vous vous rappelez ce café où nous nous sommes arrêtés ? »

J'ai hoché la tête.

« Ce n'est pas la seule petite entreprise dans laquelle j'ai investi. Pour chaque grand projet dans lequel je me lance, je tente de trouver une ou deux petites entreprises à appuyer. Je cherche des gens qui croient pouvoir changer leur vie et la vie d'autres personnes. J'aide donc de petites entreprises établies dans des communautés rurales et de grandes villes ; des affaires familiales et des étudiants ; des entrepreneurs qui ont des idées et du cœur. Et je suis ces petites entreprises comme les opérateurs en Bourse suivent les fluctuations du marché.

« Les hommes et les femmes à qui je donne de l'argent transforment mes dollars en nouvelles vies ; l'aide que j'apporte se trouve amplifiée, elle devient plus grande que si j'agissais seul. Ces hommes et ces femmes m'aident en même temps à construire un monde meilleur. Faire une différence est devenu pour moi plus important que de gagner de l'argent. Cette prise de conscience a ajouté beaucoup de joie dans ma vie, Jonathan.

– C'est stupéfiant. »

L'histoire de M. Gao m'avait laissé un peu honteux. Gao Ming a secoué la tête. Et puis il a balayé du regard la ville illuminée. Il semblait réfléchir. Finalement, il a repris la parole.

« Quelques mois après avoir été terrassé par une crise cardiaque, Julian m'a écrit. Je dois avouer que je n'étais pas certain de vouloir ouvrir sa missive. Je craignais qu'il s'agisse d'une autre poursuite. Mais non. C'était une lettre manuscrite. Julian m'annonçait qu'il n'exerçait plus le droit, qu'il avait vendu tous ses biens. Il avait voyagé. Il avait appris des choses. Il ajoutait qu'il était très heureux d'avoir perdu sa cause contre moi. Il disait que j'étais un homme qu'il aimerait apprendre à mieux connaître. »

Gao Ming a souri. « Je n'oublierai jamais les dernières lignes de cette lettre », a-t-il poursuivi. Le bonheur durable, avait écrit Julian, est en fonction des gestes que nous faisons, et non de notre compte en banque. Le véritable épanouissement est le produit de la valeur que nous créons et de la contribution que nous apportons, et non pas de la voiture que nous conduisons ou de la maison que nous achetons. J'ai appris que la valeur personnelle est plus importante que la valeur nette. Mais je crois que vous le savez déjà.

– Et vous le saviez.

– Et je le savais », a dit M. Gao.

Plus tard ce soir-là, de retour à mon hôtel, planté devant les fenêtres du salon, j'ai admiré la ville de l'autre côté de la rivière. La vue était splendide pendant le jour, mais après le coucher du soleil, elle faisait penser à un parc d'attractions futuriste ou à une exposition de sculptures abstraites – sphères colorées, colonnes, flèches et cylindres, des formes enchâssées dans une lumière étincelante, comme si un courant électrique traversait du cristal. Même le trajet entre l'appartement de Gao Ming et mon hôtel avait été merveilleux. Shanghai étincelait comme un joyau. Je n'avais jamais rien vu de tel.

Et puis, j'ai repensé à tout ce que m'avait dit M. Gao. Toute cette splendeur était séduisante. J'aurais adoré rester plus longtemps pour explorer la ville, mais les sentiments qu'avaient fait naître en moi le bureau de Gao Ming, la Bentley, l'hélicoptère, l'acteur, et même la suite dans laquelle je logeais, avaient davantage trait au plaisir qu'au véritable bonheur. Là se trouvait peut-être la distinction qu'avait tenté de faire Gao Ming. Comment pouvais-je espérer que de telles richesses me rendent heureux alors que j'avais toujours été incapable de jouir des plus petits plaisirs de ma vie ? Il m'apparaissait que Julian et Gao Ming avaient trouvé quelque chose que la majorité des gens richissimes ne posséderaient jamais : la certitude qu'il ne leur en fallait pas plus.

La vérité, c'était que, en cet instant, seul dans ma chambre d'hôtel, à des milliers de kilomètres de chez moi, si j'avais pu avoir une seule chose, ce n'aurait été ni un yacht, ni une voiture luxueuse, ni un château, mais une réponse.

Cette nuit-là, j'ai rêvé aux routes sinueuses des Hautes-Terres-du-Cap-Breton sur lesquelles j'avais circulé plus tôt cette semaine-là. Elles m'avaient fait penser à Juan, aux derniers instants de sa vie. Il vivait à l'extérieur de la ville et il rentrait à la maison ce soir-là. L'heure de pointe était terminée. C'était le printemps et la chaussée était sèche. Il roulait sur une portion de l'autoroute qui traversait une zone boisée non loin de chez lui. C'était un trajet qu'il effectuait tous les jours. Pourtant, il avait percuté un garde-fou en acier et plongé dans un ravin. L'autopsie avait révélé de nombreuses blessures potentiellement mortelles, mais la cause du décès était une crise cardiaque foudroyante.

Emily, sa femme, avait affirmé que c'était le stress subi au travail qui avait provoqué sa mort. Je n'en doutais pas. Lorsqu'il était monté dans sa voiture ce soir-là, Juan n'était plus que l'ombre de l'homme que j'avais connu. Les quelques dernières années qu'il avait passées au bureau – la pression, l'isolement, la dérobade de ses amis et collègues – tout cela l'avait détruit. Mais il y avait une question que personne ne posait. Une question qui me hantait. Une question à laquelle je voulais désespérément trouver une réponse. Il y avait une énigme que je ne résoudrais peut-être jamais.

Chapitre dix

Rien n'aurait pu contraster davantage avec le paysage urbain, éblouissant et frénétique de Shanghai que les étendues désertiques et poussiéreuses qui s'étiraient de chaque côté de l'autoroute entre Phœnix et Sedona, en Arizona. Après avoir passé la majeure partie de la journée dans les airs, j'étais arrivé à Phœnix en début d'après-midi. J'avais aussitôt quitté la ville au volant d'une voiture de location. Et même si, ces derniers temps, j'étais sans cesse passé d'un fuseau horaire à l'autre comme un pilote de ligne, je me sentais remarquablement bien. J'ignorais qu'on pouvait s'habituer au décalage horaire, mais j'étais maintenant capable de m'endormir sur commande et de me lever avec le soleil, où que je sois.

Dans une banlieue de la partie nord de Phœnix, je me suis arrêté à un restaurant qui fait partie de ces chaînes maintenant omniprésentes qui sacrifient la qualité à la quantité. J'avais faim, et c'était un moyen rapide et facile de me restaurer. En entrant, j'ai remarqué un présentoir de dépliants touristiques contre le mur près de la porte. J'en ai pris quelques-uns avant de me diriger vers l'hôtesse.

Elle m'a indiqué une table, et un jeune homme qui n'avait sans doute pas plus de 17 ans s'est aussitôt matérialisé à mes côtés. J'ai commandé un sandwich club et un jus de fruits. J'ai jeté un coup d'œil aux dépliants que j'avais laissé tomber sur la table. L'un d'eux a attiré mon attention. Il proposait des circuits sur le thème des « vortex d'énergie » que l'on trouve à Sedona et dans les environs.

Selon le dépliant, la région de Sedona abriterait au moins quatre de ces vortex – des zones où les lignes d'énergie de la terre, invisibles, se croisent pour créer une concentration de pouvoir qui aurait d'extraordinaires propriétés thérapeutiques. Toute une industrie semblait s'être développée autour de ces vortex : un dépliant répertoriait des dizaines de massothérapeutes, de cartomanciens, de spécialistes du rééquilibrage des champs magnétiques personnels, et même de régression vers des vies antérieures. *Oh, Seigneur !* ai-je pensé. Cette vie était déjà assez éprouvante et je n'avais aucune envie de me plonger dans une autre.

Je me suis demandé pourquoi Julian avait choisi cette région. Est-ce que le talisman avait un lien avec les cristaux, les auras ou les champs énergétiques ?

Dès que j'ai eu terminé mon sandwich, le jeune serveur est réapparu et m'a proposé un dessert et du café. J'ai décliné son offre, mais je n'ai pas pu m'empêcher de penser à quel point ce jeune homme me rappelait Lluis. Il ne passerait probablement pas le reste de ses jours à travailler comme serveur, mais j'avais le sentiment que peu importait le métier qu'il choisirait, il le ferait avec enthousiasme et brio.

Après avoir réglé l'addition, je suis sorti du restaurant et j'ai traversé l'aire de stationnement en direction de ma voiture de location. Il était temps que je me rende chez Ronnie Begay. Selon les directives que Julian m'avait données, elle vivait à environ 150 kilomètres au nord de Phœnix.

Après avoir roulé quelques minutes sur l'autoroute, j'ai baissé la vitre. L'air sec du désert était agréable, surtout après l'humidité de Shanghai. J'ai entendu mon téléphone biper, mais je l'ai ignoré. Je n'avais pas besoin de distraction au volant.

Je recevais de moins en moins de messages du bureau. Je ne m'étais pas vraiment attendu à avoir des nouvelles de Tessa, mais Nawang se faisait discrète elle aussi. La veille, elle s'était excusée : *Désolée de ne pas t'avoir tenu au courant de tout ce qui se passe, mais c'est la folie ici. Depuis quelques jours, Luke, Katherine et Sven se terrent dans la salle de conférences en compagnie d'un groupe d'hommes et de femmes que je ne connais pas. D'après les rumeurs qui circulent, ils nous feront part d'une grande nouvelle d'ici à la fin de la journée ou à demain. Il ne fait aucun doute qu'une fusion est dans l'air, mais tout le monde se demande qui achètera qui. David panique. Il est convaincu que, d'une manière ou d'une autre, il sera mis à la porte.*

J'ai tenté de ne pas m'en réjouir. Ayame n'aurait pas été impressionnée par ma réaction mesquine.

Je ne sais pas quoi penser de ma situation ni de la tienne, avait encore écrit Nawang.

Cette incertitude ne m'inquiétait pas du tout.

L'inévitable réorganisation du bureau ne me menaçait en rien. Au contraire, ce serait une occasion à saisir. Si l'on m'accordait une indemnité de départ, je mettrais à profit cette liberté pour offrir mes services à d'autres entreprises et, ainsi, trouver un poste qui me conviendrait davantage. Et si la nouvelle entreprise désirait me garder, je demanderais à être muté dans un autre service.

Depuis la mort de Juan, il y avait un poste vacant au service de la conception. Peut-être que je poserais ma candidature. En tout cas, je tirerais parti de cette fusion. La perspective d'un changement m'excitait.

Voilà qui était nouveau : aborder le changement sans crainte ; ou peut-être pas de façon entièrement sereine, mais avec un sentiment d'acceptation de cette peur qui avait toujours accompagné les bouleversements significatifs dans ma vie. Peut-être commençais-je à ressembler un peu à ma sœur, Kira.

Alors que j'avais toujours choisi d'éviter le risque, Kira n'avait cessé de sortir de sa zone de confort. Après ses études secondaires, elle avait travaillé pendant six mois et puis avait adhéré à un programme d'échange jeunesse et fait du bénévolat dans plusieurs orphelinats. Et après ses études universitaires, elle avait beaucoup voyagé – de la Malaisie, Bali et la Nouvelle-Zélande à la Suède, l'Estonie et la Russie – travaillant ici et là pour subvenir à ses besoins. Elle avait également visité une coopérative de femmes au Guatemala. Elle avait été impressionnée par leurs réalisations – linge de maison et coussins finement brodés – et par leur zèle, leurs espoirs et leur courage.

De retour au pays, elle avait annoncé qu'elle trouverait un marché pour la production de ces femmes et qu'elle les aiderait à s'y faire une place. Et quelques années plus tard, elle s'était retrouvée à la tête d'une grande entreprise de commerce équitable ayant des comptoirs de service dans une demi-douzaine de grandes villes d'Amérique du Nord.

Lorsque ses jumeaux étaient nés, Kira avait décidé de vendre ses actions à l'un de ses associés. Elle voulait passer quelques années à la maison et planifier sa réorientation de carrière. Lorsque je m'étais dit surpris qu'elle renonce à une entreprise pour laquelle elle avait travaillé si dur, elle avait ri. « Il n'est pas question que je fasse la même chose jour après jour, et que j'appelle ça la vie », avait-elle dit.

LES DIRECTIVES DE JULIAN étaient claires. Après avoir roulé environ une heure et demie, j'ai quitté la voie rapide pour m'engager sur une petite route sinueuse. J'ai finalement aperçu quelques maisons plantées de chaque côté. La plupart étaient des maisons mobiles auxquelles avaient été greffés des porches et des auvents, ainsi que des rajouts pas si mobiles. Il y avait par-ci, par-là des bungalows. Quelques-uns étaient entourés d'une clôture à mailles losangées. Des bandes de pelouse brunâtre entouraient les maisons, mais au-delà, le désert reprenait aussitôt ses droits et s'étendait à perte de vue.

J'ai finalement repéré l'adresse sur une boîte aux lettres dressée devant une maison brune bien entretenue. Je me suis rangé dans l'allée gravelée, à côté d'une camionnette grise garée devant un petit garage. En descendant de voiture dans la chaleur de midi, j'ai remarqué que la cour avant était jonchée d'objets en plastique de couleurs vives, des jouets. Le crissement des pneus sur le gravier avait alerté Ronnie, car elle a aussitôt ouvert la porte d'entrée.

« Jonathan ! » a-t-elle dit comme si nous étions de vieux amis qui ne s'étaient pas vus depuis longtemps.

Ronnie avait environ 60 ans. Ses cheveux étaient gris argenté, avec encore quelques mèches noires. Son visage bronzé était ridé, mais elle n'avait pas du tout les traits tirés. Lorsqu'elle riait, on aurait dit que les plis autour de ses yeux et de sa bouche dansaient.

Elle m'a fait entrer et m'a conduit dans la salle de séjour en me disant de faire attention aux jouets éparpillés un peu partout sur le plancher.

« Me croirez-vous si je vous dis que j'ai ramassé tout ça ce matin ? a-t-elle dit en riant.

– J'ai un fils de six ans, je sais ce que c'est. »

Ronnie est allée dans la cuisine et a regardé par la fenêtre. J'ai suivi son regard. Dans la cour arrière, une demi-douzaine d'enfants aux âges variés jouaient avec un gros ballon gonflable. Ronnie m'a dit qu'ils étaient ses petits-enfants et ses petits-neveux.

Les petits-enfants étaient en visite pour l'après-midi, mais les petits-neveux vivaient avec elle.

Ronnie a dit d'un ton neutre : « Ma nièce s'est attiré des ennuis, d'aussi loin que je me souvienne. Son père est on ne sait où ; sa mère ne va pas bien et n'a jamais été capable de l'aider. Il y a quelques années, la situation est devenue critique. Tout laissait croire qu'on allait lui retirer la garde de ses enfants. »

Ronnie a ouvert la fenêtre de la cuisine et a crié : « Rose, assure-toi que Sammy ait son tour, d'accord ? »

Et puis elle s'est tournée vers moi.

« José et moi étions les seuls membres de la famille qui disposaient de l'espace et des ressources nécessaires pour accueillir les enfants. » Ronnie a posé la main sur sa poitrine, comme si elle remettait son cœur à sa place.

« C'est la meilleure décision que j'ai prise de ma vie », a-t-elle dit en souriant.

Ronnie a ouvert le réfrigérateur et en a sorti un gros pichet.

« Du thé glacé ? » a-t-elle demandé. Lorsque j'ai hoché la tête, elle a rempli deux verres qui se trouvaient sur le comptoir et m'en a tendu un. Elle n'a pas touché au sien et s'est dirigée vers la porte arrière.

« Désolée, mais j'ai promis une collation aux enfants et il vaut mieux que je la leur donne maintenant, si je veux qu'ils fassent honneur au dîner. » Ronnie est sortie. Je l'ai observée à travers la moustiquaire pendant qu'elle se dirigeait vers le garage. Elle tenait un énorme melon d'eau lorsqu'elle en est ressortie quelques minutes plus tard. L'apercevant, les enfants se sont rués vers la cuisine en poussant des cris de joie. « Du melon d'eau, du melon d'eau, du melon d'eau ! » scandaient-ils, comme s'ils demandaient un rappel après un concert rock.

« C'est le premier de la saison, a dit Ronnie. Je sais qu'on en trouve toute l'année au supermarché, mais je n'en achète jamais avant qu'il fasse vraiment chaud. Son goût est alors tellement meilleur. »

Elle a dit aux enfants d'aller s'installer à l'extérieur autour de la table de pique-nique ; elle leur apporterait leur collation dès qu'elle serait prête. Ils sont sortis.

Ronnie a posé le fruit sur une grande planche à découper. Elle a pris un énorme couteau dans un tiroir et l'a enfoncé au centre du melon. Cela a produit un *touak* satisfaisant. Elle a ensuite coupé en deux le fruit bien mûr, et puis encore et encore en deux. Ensuite, elle a tranché chaque morceau comme s'il s'agissait d'une grosse miche de pain, a choisi une tranche bien juteuse et me l'a tendue.

Je ne me rappelais pas la dernière fois que j'avais mangé du melon d'eau, mais lorsque j'ai mordu dans la chair fraîche et sucrée, un flot de souvenirs est remonté à la surface. Une autre cour arrière, des dizaines d'années auparavant. Ma mère, les cheveux retenus par un foulard de couleur vive, un plateau dans les mains.

C'était le genre de choses dont avait parlé Gao Ming. Ici, dans la maison de Ronnie, le premier melon d'eau de la saison était encore un événement, une occasion de se réjouir.

Ronnie a apporté une grande assiette à l'extérieur. Un peu plus tard, elle est ressortie chercher les écorces et débarbouiller quelques frimousses. Ce n'est qu'alors qu'elle a pris une grande gorgée de son thé glacé.

« J'espère que ça ne vous gêne pas, mais il faut maintenant que je commence à préparer le dîner. »

Je suis resté assis dans la cuisine climatisée pendant que Ronnie préparait le repas familial. Elle m'a dit que sa fille Rose et ses petits-enfants mangeraient probablement à la maison. Et son mari, José, rentrerait bientôt du travail. Sa sœur l'accompagnerait peut-être. Ils travaillaient ensemble.

« Ma maison n'est jamais vide. C'est parfois épuisant, mais ça me plaît. »

Elle a sorti un gros sac de poivrons rouges du réfrigérateur. Elle m'a regardé par-dessus l'épaule en les lavant.

« J'ai quelque chose à vous donner et il serait agréable que nous trouvions un endroit tranquille pour parler. J'ai pensé qu'après le dîner, nous pourrions aller admirer le coucher de soleil aux Roches rouges. Il faut absolument que vous voyiez ça. »

Plusieurs heures plus tard, Ronnie et moi étions assis au bord d'un énorme rocher, admirant les immenses formations de grès rouge qui s'élevaient majestueusement dans le désert. Alors que le soleil se couchait, le roc semblait absorber ses rayons. Il les reflétait comme des charbons ardents orangés. Cela m'a fait penser à la Pyramide du Magicien au lever du soleil.

« J'ai une impression de déjà-vu, ai-je dit.

– Le cinéma. Les westerns. »

Oui, ai-je pensé, *c'est probablement ça*. Mais l'endroit suscitait des sentiments particuliers en moi. Comme si un lien personnel m'unissait à lui. Je me suis demandé si cela avait à voir avec ce que j'avais lu dans les dépliants.

« J'ai lu quelque chose à propos de ces tourbillons d'énergie », ai-je dit à Ronnie. Elle a tressailli.

– Ici, nous les appelons *vortex*.

– Des vortex. Oui. Sont-ils loin ? Y en a-t-il près d'ici ?

– Il y en a un à quelques kilomètres par là. » Ronnie a fait un signe de la main vers la droite, mais sans me donner de détails.

« On dirait que ce phénomène vous laisse plutôt indifférente », ai-je dit.

Ronnie a souri en creusant la terre compactée avec le bout de sa chaussure.

« Eh bien », a-t-elle dit lentement, « les autochtones de cette région n'ont jamais considéré ces endroits comme particulièrement sacrés – ou du moins ne croient-ils pas qu'ils le soient plus que le reste du territoire ».

Ronnie s'est penchée pour épousseter sa chaussure. « Mais cela ne veut pas dire que cet endroit n'est pas spécial. Mon peuple a toujours été près de son territoire, et je crois dans le pouvoir guérisseur de la terre. Je crois qu'on peut ne faire qu'un avec la nature.

– Mais… », ai-je dit. Je sentais qu'un *mais* allait suivre.

« Mais... », a dit Ronnie. Elle contemplait de nouveau les formations rocheuses. La lumière était moins intense. Les rochers la reflétaient doucement. « Je crois profondément que les plus grands pouvoirs de guérison se trouvent là où nous sommes. Ils ne sont pas confinés à un lieu, à un moment ou à une circonstance. »

Un petit lézard gris a filé à toute allure sur le sol devant nous. Je l'ai regardé disparaître derrière un buisson.

« Est-ce que Julian vous a dit comment nous nous étions rencontrés ? a demandé Ronnie.

– Non, mais je parie qu'il y a une histoire derrière cette rencontre. »

Il y en avait une. Ronnie m'a raconté qu'elle avait fait la connaissance de Julian de nombreuses années auparavant, lorsqu'il était encore un avocat très ambitieux. « En fait, je ne savais pas ce qu'il faisait à l'époque, a-t-elle admis. Il me l'a dit plus tard. »

Julian roulait sur l'autoroute. C'était la fin de l'après-midi. Il venait voir ces mêmes formations rocheuses que Ronnie et moi contemplions. Il était venu jouer au golf à Phœnix et avait loué une voiture sport pour la durée de son séjour. Il était accompagné d'une amie, une très jolie femme. Ils avaient emporté une miche de pain, du fromage et un énorme thermos rempli de Martini. Ils envisageaient de faire un pique-nique au coucher du soleil. Mais la voiture était tombée en panne avant même qu'ils n'arrivent à Sedona. Ronnie avait aperçu la voiture sport jaune canari immobilisée sur le côté de la route, de la vapeur s'échappant du capot. Elle s'était arrêtée et avait offert à Julian et à sa compagne de les emmener. Elle les avait conduits chez elle, d'où Julian avait pu appeler l'agence de location. On allait lui envoyer une dépanneuse et, si possible, une voiture de remplacement.

« Je ne vous cacherai pas que j'ai trouvé l'après-midi très long, a dit Ronnie.

– Comme d'habitude, la maison était pleine – mes enfants adolescents, mes nièces et mes neveux. C'était bruyant. José jouait de la guitare ; les enfants riaient et criaient en sautant sur le trampoline que nous avions alors dans la cour. »

Julian et son amie avaient quelque peu bavardé avec Ronnie et son mari, mais ils étaient nettement contrariés par la tournure des événements. Et l'animation qui régnait dans la maison, Ronnie s'en était rendu compte, les énervait au plus haut point.

« La jeune femme, dont je ne me rappelle pas le nom, n'arrêtait pas de taper du pied. Et Julian ne cessait d'avaler furtivement des gorgées de Martini et de regarder dehors toutes les deux secondes. Étant donné que ni l'un ni l'autre n'avait envie de parler, José, les enfants et moi avons tout simplement continué à vaquer à nos occupations. »

Lorsque la nouvelle voiture de location est arrivée quelques heures plus tard, Ronnie avait insisté pour que l'amie de Julian prenne le volant, car il n'était pas en état de conduire.

« Et je n'ai plus repensé à eux pendant très, très longtemps », a dit Ronnie.

Et puis, plusieurs années plus tard, elle avait reçu un appel de Julian. Il avait dû lui rappeler qui il était. Il l'avait prise au dépourvu en lui demandant s'il pouvait lui rendre visite. Il lui avait dit que, finalement, il voulait voir les Roches rouges. Mais surtout, qu'il souhaitait lui parler.

« Lorsqu'il est arrivé, je ne l'ai pas reconnu. Il avait l'air plus jeune. Et plus grand aussi, si c'est possible. Et il semblait paisible. Si paisible et si heureux. Ce n'était pas l'homme dont je gardais le souvenir. »

Julian avait dit à Ronnie qu'il revenait de l'Himalaya, où il avait passé quelque temps avec un groupe de moines. Leur enseignement avait changé sa vie. Et ce qu'il avait appris lui faisait voir les gens autrement. Et il avait compris que de nombreuses personnes dont il avait croisé la route au fil des ans avaient beaucoup à lui apprendre, beaucoup de choses à partager avec lui.

Ronnie et Julian étaient allés voir les Roches rouges au coucher du soleil, comme elle et moi maintenant. Ils avaient marché pendant un moment, les formations rocheuses rougeoyant au loin. Le silence et le calme faisaient un énorme contraste avec le bruit et l'énergie qui régnaient dans sa maisonnée. Et pour Ronnie, cela ne faisait que conférer un caractère plus spécial aux deux endroits.

Alors qu'ils contemplaient une dernière fois le paysage et le soleil couchant, Julian s'était tourné vers Ronnie.

« Je crois que vous connaissez le secret de la vie, avait-il dit. Si je vous demandais quel est le but de notre présence ici, que diriez-vous ? »

Ronnie s'est tue pendant un moment. J'ai jeté un coup d'œil dans sa direction.

« Connaissez-vous le secret de la vie ? » ai-je demandé, étonné.

« C'était tellement bizarre que Julian me pose cette question », a-t-elle dit en secouant la tête. « Ma mère appartenait à la tribu Hopi et mon père était un Navajo. Leurs peuples partageaient de nombreuses croyances, mais il y avait tout de même des différences. J'ai reçu une éducation traditionnelle autochtone, mais mon mari est catholique. Nous avons des amis qui sont juifs, bouddhistes, musulmans. J'ai tenté de me familiariser avec toutes ces confessions. Lorsque j'étais jeune, j'ai passé beaucoup de temps à étudier, à parler avec les gens. »

Le ciel s'obscurcissait. Les formations rocheuses qui se dressaient à l'horizon étaient devenues d'un rouge profond. Ronnie regardait au loin, mais elle semblait perdue dans ses pensées. J'ai attendu qu'elle reprenne la parole.

« J'ai longtemps cherché des réponses. Et puis, j'ai décidé, étant donné qu'il existait de nombreuses vérités, que tout se résumait à une chose toute simple. »

J'ai regardé Ronnie avec l'air d'attendre quelque chose. Je me suis rendu compte que je retenais mon souffle.

« Le but de la vie, Jonathan, c'est d'*aimer*. C'est aussi simple que cela. »

Je suis resté silencieux pendant un moment, laissant ses paroles cheminer dans mon esprit.

« Si personne ne nous aime, plus rien n'a d'importance ? ai-je demandé.

– Pas tout à fait. Le but de la vie, c'est d'*aimer*. Aimer est un verbe. Et il doit être au centre de notre univers. Il doit gouverner tout ce que nous faisons. Je ne crois pas qu'on puisse être vraiment vivant si on n'aime pas. »

Et c'est ce que Ronnie avait dit à Julian. Et il avait rétorqué que les moines partageaient son point de vue.

« En fait, lui avait dit Julian, ils m'ont dit pratiquement la même chose, mais j'ai dû pour cela me rendre dans l'Himalaya alors que j'aurais pu entendre les mêmes mots de votre bouche il y a toutes ces années ».

« Vous n'étiez pas prêt à les entendre, avait dit Ronnie. J'aurais pu les prononcer de mille manières, mais vous n'auriez rien entendu. »

Ronnie avait terminé son récit. Elle a mis la main dans sa poche et en a tiré une pochette de tissu.

« Le talisman », a-t-elle dit en me le tendant.

J'ai dénoué le cordon tressé et j'ai glissé le contenu de la pochette dans ma main. Le talisman était un tout petit cœur en argent. Il semblait avoir été fait à la main ; il était lisse et doux. Je l'ai fait rouler entre mes doigts. Un bout de papier que je n'avais pas remarqué est tombé de la pochette que je tenais à l'envers. Ronnie s'est penchée et l'a ramassé.

Elle me l'a tendu et j'ai lu.

Le but de la vie, c'est d'aimer

Aimez beaucoup et vous vivrez bien. Le cœur est plus sage que la tête. Honorez-le. Faites-lui confiance. Suivez-le.

Ronnie et moi sommes revenus lentement jusqu'à l'endroit où nous nous étions garés. L'air était frais maintenant et une brise odorante nous parvenait du désert. Nous sommes montés dans la camionnette de Ronnie sans dire un mot et nous nous sommes engagés sur la route, le bruissement des pneus faisant écho autour de nous.

Nous avons gardé le silence pendant tout le trajet. Elle semblait comprendre que j'avais besoin de réfléchir. Je me suis rendu compte que j'avais surtout pensé à la «vie authentique» en l'associant à mon travail. Mais je me trompais. Cela avait été clair depuis pratiquement le tout début du voyage. Mais Ayame, Mary, et maintenant Ronnie, m'avaient aidé à voir que je m'étais tout autant trahi moi-même dans ma vie personnelle.

Je n'avais pas été fidèle à moi-même dans mes amitiés, ma vie familiale et ma vie amoureuse. Si j'avais été ce genre d'ami que je valorise tant, je n'aurais pas tourné le dos à Juan. Si je m'étais efforcé d'être le parent que je souhaitais être, je n'aurais pas lésiné sur le temps que je passais avec Adam. Et si j'avais écouté mon cœur, je n'aurais pas pensé à Tessa, pas une seule seconde. Je n'étais pas amoureux de Tessa. J'aimais Annisha. Je l'aimais éperdument.

Ronnie m'a hébergé chez elle ce soir-là. Avant d'aller au lit, j'ai envoyé trois messages. Un à Annisha et Adam.

Un autre à Annisha, personnel cette fois. Et un dernier à Tessa : *Désolé*, lui ai-je écrit.

LE LENDEMAIN MATIN, le soleil perçait à travers les rideaux lorsque je me suis réveillé. Tout était calme dans la maison. Je me suis habillé et j'ai pris mon journal. J'ai longé le corridor à pas de loup et je suis sorti dans la cour arrière. Tout comme leurs voisins, Ronnie et son mari avaient semé du gazon autour de la maison. Mais la chaleur l'avait plongé dans une période de dormance, et les brins d'herbe étaient rêches sous mes pieds nus.

Je me suis assis à la table de pique-nique et me suis perdu dans la contemplation du désert qui s'étendait sur des kilomètres devant moi. Des buissons d'armoise argentée et des blocs rocheux parsemaient la terre aride, avec ici et là un genévrier poussiéreux ou une touffe d'herbe.

Il me restait encore une longue étape avant d'achever ce voyage. Julian m'avait envoyé un message. Je m'envolerais en fin de matinée de l'aéroport de Phœnix à destination de Delhi, en Inde. L'*Inde*. Je lui avais demandé s'il envisageait de m'envoyer chez les moines de Sivana, mais il m'avait répondu : « *Non, Jonathan, tu as voyagé assez longtemps. Encore quelques jours et tu rentreras chez toi.* »

J'ai ouvert mon calepin et j'ai commencé à écrire. Ce voyage avait servi à rassembler quelques artefacts mystiques pour mon cousin. Et ce n'était pas terminé, je le savais. J'avais encore un talisman à récupérer. Mais en ce qui me concernait, le voyage personnel que j'avais entrepris, je m'en rendais compte, était terminé. Je savais ce que j'avais à faire. Pour être fidèle à moi-même, je devais affronter mes peurs et demander une mutation, retourner travailler au labo, ou bien trouver un autre emploi. Il fallait que je retourne là où j'excellais, là où je pouvais faire preuve de « génie » dans mon travail.

Mais ce n'était qu'un volet des changements qu'il me fallait apporter dans ma vie. Il me fallait reconstruire mon monde avec Annisha, trouver un moyen de me faire pardonner ma négligence et de raviver notre relation. Il fallait que je me voue à devenir le meilleur père possible pour Adam, et il fallait que je cesse de me priver des joies que m'apportait la présence de mon fils.

En fait, il fallait que je cesse de me priver du bonheur et des influences positives de tous les gens qui m'étaient chers – ma mère, ma sœur, mes amis, les anciens comme les nouveaux. La lettre qui accompagnait le talisman d'Ayame était si vraie : j'avais traité les autres comme je m'étais traité moi-même. En les négligeant, j'avais tourné le dos à mon propre bonheur. Je n'avais fait preuve de bonté avec personne.

À l'avenir, il me faudrait mieux choisir mes influences. Il me faudrait jouir de tous les plaisirs simples qui composaient ma vie. Rien de tout cela ne se ferait du jour au lendemain. Mais j'y travaillerais chaque jour, je vivrais chaque jour comme s'il était ma vie tout entière en miniature. Je ferais de petits progrès chaque jour. Pas d'excuses.

J'avais le sentiment de posséder tous les outils nécessaires pour aller de l'avant. Les lettres de Julian me les avaient fournis. Que pouvait-il y avoir de plus ? Je me le demandais. Quelle autre bribe de sagesse pourrait me transmettre le dernier talisman ?

Chapitre onze

J'ÉTAIS DEBOUT À L'EXTÉRIEUR du plus remarquable édifice qu'il m'avait été donné de voir – le Taj Mahal. C'était le crépuscule. Les visiteurs et les touristes quittaient les lieux. L'heure de ce rendez-vous me paraissait insolite, mais rien dans ce voyage n'avait été ordinaire.

Avant mon départ de l'aéroport de Phœnix, Julian m'avait envoyé un message et des directives détaillées. Je passerais une nuit à l'hôtel, à Delhi. Le lendemain, je prendrais un avion jusqu'à Âgrâ. Le dernier gardien m'attendrait à l'extérieur du Taj Mahal, à 19 h 30. La perspective de trouver seul mon chemin dans Delhi et Âgrâ, surtout avec un préavis aussi court, m'aurait énervé quelques semaines auparavant. Mais je m'étais rendu dans de si nombreux endroits, j'avais fait tant d'expériences dernièrement que je me sentais habité d'une nouvelle confiance devant les défis qui surgissaient sur ma route.

Et pendant que je me tenais sur la grande place du Taj Mahal et que j'admirais le mausolée, toute pensée rattachée au passé et à l'avenir s'est trouvée balayée de mon esprit.

J'étais arrivé à l'avance, pensant que je pourrais entrer et visiter l'éblouissant tombeau avant l'heure de la fermeture. Mais en arrivant sur les lieux, j'avais compris que j'avais été bête de penser pouvoir le faire en si peu de temps. Mais comme Julian n'avait pas précisé la date de mon départ d'Âgrâ, j'espérais avoir l'occasion de revenir explorer cet époustouflant chef-d'œuvre architectural. En attendant, j'ai déambulé à l'extérieur du monument, tête levée et bouche bée.

J'étais tout simplement renversé par la taille du mausolée. Rien dans les photos que j'avais vues ne faisait honneur à ses dimensions, à son dôme bulbeux, à son élégante symétrie et à l'étendue de ses jardins. Je comprenais pourquoi Julian avait organisé cette rencontre en début de soirée. Le soleil couchant faisait danser ses rayons sur les murs luminescents de marbre et de grès.

En m'approchant, j'ai vu que les surfaces extérieures étaient couvertes d'arabesques de marqueterie et d'une délicate calligraphie sur une trentaine de mètres de hauteur. Des pierres fines étaient incrustées dans le marbre blanc : turquoise, lapis lazuli, émeraude, corail rouge. J'ai fait les cent pas devant le mausolée, m'approchant parfois pour examiner des détails d'une beauté exquise et puis reculant pour l'admirer dans toute sa splendeur.

J'ai marché tout autour du Taj Mahal, totalement absorbé dans le moment présent. J'avais complètement oublié pourquoi j'étais là lorsqu'un éclair cramoisi a capté mon regard. Un personnage de haute taille se tenait devant moi. Il me tournait le dos, mais j'ai su que c'était un homme. Il était immobile et les pans de la robe qui parait son corps svelte voletaient doucement sous la brise. Il s'est alors retourné. Un sourire a éclairé son visage. C'était Julian.

« Quoi ? » ai-je bredouillé. C'était insensé. Qu'est-ce que Julian faisait ici ? Pourquoi ne m'avait-il pas dit qu'il se rendait en Inde ? Et s'il était là pour récupérer lui-même le talisman, pourquoi m'avait-il fait venir jusqu'ici ?

« Je suis ici pour reprendre les talismans », a-t-il dit en me faisant un clin d'œil.

J'essayais de formuler toutes les questions qui tourbillonnaient dans ma tête, mais aucun mot ne parvenait à franchir mes lèvres.

« Je sais, a dit Julian. Je suis ici et je t'ai quand même demandé de faire ce long voyage. Mais j'ai l'intention d'aller passer quelque temps dans l'Himalaya. Et cet endroit m'est donc apparu idéal pour notre rencontre. »

J'ai hoché la tête, encore confus et en état de choc.

« Allons par là », a dit Julian en indiquant la longue allée bordée d'arbres et de fleurs qui longeait le plan d'eau. « Nous pourrions trouver un endroit où nous asseoir… et profiter de la fraîcheur du soir. »

Nous avons quitté le porche aux arcades ogivales et descendu les marches de pierre. Dans le bassin, l'eau prenait une teinte sombre, le soleil disparaissait à l'horizon et le ciel tournait à l'indigo.

Pendant que nous marchions, Julian a glissé la main dans une poche de sa robe.

«Aimerais-tu voir le dernier talisman ?

«Vous l'avez avec vous ?» ai-je demandé.

Julian a hoché la tête et puis il a sorti un petit sac marron. Il en a vidé le contenu dans le creux de ma main. C'était une minuscule reproduction du Taj Mahal, en marbre. Cette fois, il n'y avait pas de parchemin. J'ai incliné la tête.

«Laisse-moi t'expliquer ce qu'il signifie. Ce dernier talisman a trait à l'héritage. Les moines disent que la meilleure façon d'évaluer la grandeur d'un être humain est de mesurer ce qu'il lègue aux générations futures. Donc, si nous sommes vraiment intéressés à nous démarquer comme êtres humains, au lieu de nous demander «*Qu'est-ce que la vie peut m'apporter* ? «nous devrions nous poser la question suivante : «*Que puis-je apporter au monde* ? «C'est pourquoi le Taj Mahal symbolise parfaitement l'héritage que nous pouvons laisser.»

J'ai de nouveau regardé la structure aérienne. Elle miroitait dans un chatoiement de rose, comme si elle était elle-même une étoile.

«Oui, je comprends, ai-je dit. Ce monument a inspiré et influencé tant de rêveurs partout dans le monde. Pendant des siècles. J'ai de la difficulté à croire qu'il s'agisse de l'œuvre d'un seul homme. Qu'on ait construit cette merveille de son vivant.

– Il n'y a aucun doute là-dessus, a dit Julian. C'est une œuvre remarquable, un chef-d'œuvre architectural. Peu de gens laissent derrière eux un legs d'une telle beauté et d'une telle signification. Mais quand je songe à l'héritage transmis par le créateur du Taj Mahal, je ne pense pas vraiment à l'architecture. »

J'ai regardé Julian, incertain de bien comprendre ce qu'il voulait dire.

« Laisse-moi te raconter l'histoire du Taj Mahal », a dit Julian.

Shâh Jahân était l'empereur de l'Empire moghol au début des années 1600, a expliqué Julian. Il surnommait sa femme Mumtaz Mahal : la lumière du palais. Ils s'adoraient tous les deux. Mais Mumtaz est morte de façon tragique en donnant naissance à leur quatorzième enfant. Selon la légende, Mumtaz a évoqué leur amour éternel en s'adressant à son mari sur son lit de mort.

Shâh Jahân a été terrassé par sa disparition. Après l'avoir pleurée pendant un an dans la solitude la plus totale, en rejetant tous les plaisirs terrestres, Jahân a décidé de consacrer le reste de sa vie à honorer sa bien-aimée en lui construisant un lieu de repos qui serait un paradis sur terre. Et chaque année, entre deux et quatre millions de personnes viennent admirer ce que Shâh Jahân a érigé pour l'amour de sa vie.

« Peu d'entre nous laissent au monde un héritage aussi grandiose que le Taj Mahal. Cependant, les plus modestes contributions sont tout de même précieuses. »

Julian a de nouveau glissé la main dans la poche de sa robe. Il en a sorti un petit parchemin et me l'a tendu. J'ai lu :

Le dépassement de soi

Il n'y a pas un seul être humain de trop sur la planète. Chacun de nous est ici pour une raison, un but particulier – une mission. Oui, crée une vie merveilleuse pour toi-même et ceux que tu aimes. Oui, sois heureux et amuse-toi beaucoup. Eh oui, réussis comme tu l'entends et non comme te le suggère la société. Mais, surtout, accomplis des gestes significatifs.

Fais en sorte que ta vie ait un sens. Sois utile. Sois serviable et aide le plus grand nombre de gens possible. C'est ainsi que chacun de nous peut passer du domaine de l'ordinaire au zénith de l'extraordinaire. Et faire partie de l'élite de l'humanité.

« La vie de Mumtaz Mahal a fait une grande différence dans ce monde. Elle a laissé un héritage encore plus grand que celui de son mari. C'est son amour qui est à l'origine de cette merveille », a dit Julian d'une voix douce en faisant un grand geste de la main.

« Parfois, Jonathan, nos contributions sont on ne peut plus évidentes aux yeux du monde : une percée scientifique, une œuvre d'art, la création d'une entreprise prospère, la construction d'un édifice ou d'une ville. Mais parfois également, elles sont moins tangibles, moins mesurables. Ce qui est important, c'est que nous apportions une contribution. Que nous fassions une différence. Que nous laissions un héritage. »

Je me suis rendu compte que je m'étais trompé à Sedona. Il y avait encore une bribe de sagesse à tirer de cette collection de talismans. L'héritage. Cela n'avait rien à voir avec l'argent ou la gloire, mais plutôt avec l'influence et l'impact que nous laissons après notre passage ici-bas, avec notre capacité à rendre le monde meilleur. M. Gao l'avait compris. Ma sœur, Kira, l'avait compris. Mon père et ma mère aussi. Et là, devant ce monument commémorant l'amour, j'ai su que j'y réfléchirais pendant les jours et les années à venir. Quel serait mon héritage ? Quelle différence ferais-je ?

« As-tu les talismans ? » a demandé Julian après un moment de silence.

« Oh ! J'allais oublier. »

Ce n'était pas entièrement vrai. En fait, j'étais curieusement réticent à m'en séparer.

Julian a souri pendant que je soulevais un pan de ma chemise et que je dénouais le cordon que j'avais glissé sous un passant de mon pantalon.

« Tu t'es attaché à eux », a dit Julian d'un ton bienveillant. « Tu as découvert leur pouvoir.

– Eh bien, je ne sais pas.

– Je crois que si. Comment te sens-tu ? »

– Bien. Étonnamment bien.

– Pas de décalage horaire ? Pas de fatigue ? Beaucoup d'énergie ?

– Ouais », ai-je dit lentement. « Croyez-vous que… ?

– La sagesse de ces talismans peut changer ta vie. Il suffit que tu la fasses tienne, que tu t'engages envers elle. Comme je te l'ai dit plus tôt, ces talismans peuvent *sauver une vie*.

– En passant», ai-je dit en me rappelant les larmes que j'avais entendues dans la voix de ma mère quelques semaines auparavant, «qui est en danger? Quelle vie tentez-vous de sauver avec ces talismans»?

Julian a haussé les sourcils et m'a regardé sans prononcer un mot. Il y a eu un moment de silence pendant lequel la vérité s'est faite en moi.

«Oh, allons!» ai-je dit en sentant mon visage s'empourprer. «Je ne suis pas en danger. Ma vie n'a pas besoin d'être sauvée.»

Julian n'a rien dit. Il a continué à me regarder comme s'il attendait quelque chose. Les talismans étaient toujours dans ma main.

«Je suis en parfaite santé et j'ai un fils merveilleux. Bon, d'accord, mon mariage a besoin d'être un peu rafistolé, mais...

– Jonathan, tu sais aussi bien que moi que ta vie va mal. Ta mère s'en est rendu compte et elle est malade d'inquiétude. Elle a perdu ton père et elle a l'impression qu'elle est en train de te perdre aussi. Elle a compris que si tu persévérais dans la même voie, tu ne trouverais jamais le bonheur et le bien-être qu'elle avait connus avec ton père. Tu détestes ton emploi; tu as gâché ton mariage; et tu rates l'enfance de ton fils.

– Donc, toute cette histoire de talismans ne tient pas debout ? Ils n'ont aucun pouvoir de guérison, rien de magique ?

– La véritable magie se trouve dans les lettres, Jonathan, dans les lettres et dans ton journal. Les talismans n'étaient qu'un moyen d'attirer ton attention. Et le voyage était un moyen de te donner le temps d'assimiler les leçons que ces lettres – et mes amis – t'ont enseignées. Tu as accepté de déployer de grands efforts, d'affronter tes peurs, de prendre des risques pour sauver la vie de quelqu'un d'autre. Mais au départ, tu n'étais pas prêt à faire tout ça pour sauver la tienne. Maintenant, je crois que tu l'es.

– Mais tous ces gardiens savent-ils que les talismans ne sont pas magiques – même quand ils sont regroupés ?

– (*Julian a souri.*) C'est l'unique fois que j'ai été malhonnête avec toi, Jonathan. J'ai rassemblé ces amulettes après avoir parlé à ta mère il y a quelques mois, et puis je les ai postées à mes amis. Ils ont compris la situation et ils ont été heureux de m'aider. Chacun d'eux est sage à sa façon ; à mes yeux, chacun personnifie la connaissance contenue dans la lettre qu'il t'a remise. J'ai tant appris d'eux et je voulais que tu fasses leur connaissance, et que tu apprennes d'eux toi aussi. C'est le seul moyen que j'ai trouvé pour t'y amener. Autrement, tu ne serais jamais parti. »

J'avais apprécié mes rencontres avec les amis de Julian et je devais admettre que j'aurais aimé passer davantage de temps avec chacun d'eux. Et cela m'a fait penser aux gens avec qui je ne pouvais plus passer de temps – mon père et Juan.

Julian a indiqué un petit banc de pierre non loin. Nous nous sommes assis et il a délicatement posé la main sur mon épaule.

« Je pense que beaucoup de choses sont maintenant claires pour toi, mais qu'il y a encore un point qui te tracasse », a-t-il dit d'une voix douce.

J'avais ressassé cette histoire pendant si longtemps que j'avais de la difficulté à décider par où commencer. J'ai donc commencé par le début. J'ai raconté à Julian que j'avais travaillé au labo avec Juan et que j'étais ensuite passé aux ventes. Je lui ai expliqué comment Sven et David avaient tenté de pousser Juan à démissionner, comment je ne l'avais pas défendu, comment j'avais omis de lui offrir mon amitié ou de lui témoigner de l'empathie. Et puis, je lui ai parlé de l'accident de voiture.

« Un accident », a dit Julian. Il avait parlé d'un ton neutre, mais il y avait comme un point d'interrogation dans sa voix.

Comme je gardais le silence, il a dit :

« Mais tu as des doutes.

– Oui, ai-je finalement dit. Juan a succombé à une crise cardiaque. Ça, c'est certain. Mais quand cette crise a-t-elle eu lieu ? Avant ou après qu'il a embouti le garde-fou ? »

Julian m'a regardé d'un air triste, comme s'il savait que mon histoire n'était pas terminée. J'ai fixé les pierres de l'allée et l'énorme dôme plus loin.

« Deux jours avant sa mort, ai-je poursuivi, je suis passé devant son bureau. Il en sortait. Il avait les yeux baissés et il était perdu dans ses pensées. Il a pratiquement buté contre moi. Lorsqu'il m'a vu, son expression n'a pas changé. Il m'a parlé comme s'il ne s'adressait pas vraiment à moi, comme s'il exprimait à haute voix les pensées dans lesquelles il était plongé.

« "Ça ne sert à rien de continuer", a dit Juan. Sur le coup, j'ai pensé qu'il parlait de démissionner. J'ai un peu honte de l'admettre, mais je me suis senti soulagé. Au moins, je n'aurais plus à voir son visage tourmenté chaque jour. Au moins, je pourrais prétendre que les choses iraient pour le mieux. Je n'ai rien dit à Juan et il est passé à côté de moi. Il s'est dirigé vers le hall d'entrée la tête basse, le pas lourd. Mais après… les paroles de Juan m'ont rongé comme un acide.

« Ses paroles avaient-elles été prophétiques ? Avaient-elles un lien avec cet accident mortel ? Juan avait-il pris la décision de mettre fin à ses jours, et non pas uniquement à sa carrière ? Et si je l'avais arrêté, si je lui avais parlé, si je lui avais offert aide et compassion, serait-il encore vivant aujourd'hui ? »

Julian et moi sommes restés silencieux pendant un moment. Il n'y avait que quelques personnes en vue. L'endroit semblait surréaliste après les rues bondées et bruyantes de Dehli et d'Âgrâ.

Julian a joint les mains et a étendu les jambes devant lui. Ses sandales de cuir brunes dépassaient de sa robe cramoisie.

« Jonathan, j'aime dire que nous n'avons qu'à prédire ce que nous regretterons le plus dans cinq ans. Et puis, à faire *dès aujourd'hui* les gestes qui s'imposent pour empêcher ces regrets d'exister. »

Julian s'est penché et a posé sa main sur la mienne.

« Je crois que, pendant ce voyage, tu as probablement amorcé ce processus. Je crois que ton avenir sera très différent de ce qu'il aurait été si tu n'étais pas parti. Mais ça, c'est l'avenir. Ce dont tu me parles maintenant appartient au passé. Tu sais aussi bien que moi que personne ne pourra jamais répondre aux questions que tu te poses. Et tu dois trouver le courage d'accepter ça. »

J'ai poussé un profond soupir. J'avais espéré que la réponse de Julian soit différente, même si je savais en mon for intérieur qu'elle ne le serait pas.

« Tu ne peux pas aller de l'avant en regardant en arrière, Jonathan », a dit Julian d'un ton ferme. « Et il n'y a rien que tu puisses faire pour changer le passé.

– Mais j'ai le sentiment que je devrais faire quelque chose pour me racheter, pour montrer à quel point je suis désolé.

– Il y a deux choses que tu peux faire », a dit Julian. J'ai levé les yeux vers lui, voyant pour la première fois poindre une lueur d'espoir dans toute cette histoire. « Deux choses que tu *dois* faire, a poursuivi Julian. Premièrement, tu dois veiller à ne jamais plus négliger un ami, à ne jamais rester un témoin silencieux devant la cruauté et le mauvais comportement des autres. »

J'ai hoché la tête. Cela faisait des mois que j'avais pris cette résolution.

« Et deuxièmement, a encore dit Julian, tu dois te pardonner ».

Julian m'a regardé intensément.

« Tu te rappelles le talisman représentant une grue cendrée, Jonathan ? »

– Oui », ai-je dit en ayant une pensée affectueuse pour Ayame.

« Te rappelles-tu la lettre qui l'accompagnait ? Il est important de traiter les autres avec bonté, et de te traiter avec la même bonté. Il est important de pardonner aux autres. Et il est *essentiel* de te pardonner à toi-même. »

J'ai fait glisser mes mains sur mes jambes. Je savais que Julian avait raison. Ce serait sans doute la chose la plus difficile que je n'aurais jamais à faire, mais il fallait que je cesse de me complaire dans le regret. Je devais lâcher prise. Et aller de l'avant.

« Et parlant de pardon... », a dit Julian. Il s'est levé. « Il y a quelqu'un qui aimerait te voir. »

Le soleil s'était couché, ne laissant derrière lui qu'une faible lueur à l'horizon. La lune brillait dans le ciel, comme une pièce d'or couchée sur un épais tapis de velours. J'ai regardé autour de moi. L'eau du bassin reflétait des étincelles de lumière, mais le jardin était sombre et désert. Et puis j'ai remarqué une petite silhouette au bout de l'allée de pierre... qui marchait vers moi.

J'ai voulu regarder Julian, mais il n'était plus là. Lorsque je me suis retourné, la lune éclairait une femme : petite et mince avec de longs cheveux sombres lui tombant derrière les épaules. Elle était maintenant suffisamment près pour que je voie le sourire qui éclairait son visage. Annisha ! Mon cœur a bondi et je me suis levé vivement.

Et puis, alors que je m'avançais vers elle, j'ai vu autre chose. La minuscule silhouette de mon fils est apparue juste derrière sa mère. Adam a baissé la tête et a foncé vers moi. Je me suis accroupi, les bras tendus, pour le cueillir. Tout ce que j'ai réussi à dire avant que les larmes étouffent ma voix, c'est son nom.

ANNISHA, ADAM ET MOI sommes restés trois jours à Âgrâ avant de rentrer à la maison. Le temps que nous avons passé ensemble en Inde m'a paru la chose la plus importante que j'aie jamais faite.

Julian m'a dit de garder les talismans – et les lettres. « Peut-être qu'un jour tu voudras les donner à Adam et lui enseigner tout ce qu'ils t'ont appris. » Cette pensée m'a fait sourire.

DE RETOUR AU TRAVAIL après ma longue absence, j'avais envie de découvrir une foule de nouveaux visages, et une entreprise où ne travaillaient plus ni David ni Sven. J'ai passé un long moment à discuter avec divers directeurs et le nouveau PDG. Beaucoup de gens, dont mes clients, ont tenté de me convaincre de rester au service des ventes. Mais je savais où je donnerais le meilleur de moi-même.

Finalement, nous nous sommes mis d'accord et, après quelques mois d'essai, j'ai été nommé directeur technique.

Bien entendu, auparavant, j'avais quitté mon appartement et j'étais retourné vivre avec Annisha et Adam. Mon fils s'était immédiatement lancé dans une campagne pour que je devienne l'entraîneur adjoint de son équipe de soccer. Il a semblé surpris que j'accepte aussi rapidement. Et Annisha et moi avons entrepris le lent et minutieux processus de reconstruction de notre mariage.

L'une de nos premières choses entreprises a été d'instituer une nouvelle tradition : un dîner dominical chaque mois avec ma mère, ma sœur et sa famille, et les parents d'Annisha. Et puis, nous avons commencé à planifier nos prochaines vacances.

« Où pourrions-nous aller ? » a demandé Annisha tout en feuilletant les livres de voyage que ma mère nous avait prêtés. « À qui pourrions-nous rendre visite ?

– Commençons par le commencement », ai-je proposé en pensant avec tendresse à ma nouvelle vie et à mes nouveaux amis. « Commençons par Istanbul. »

Les lettres

Le pouvoir de l'authenticité

Le cadeau le plus important que vous puissiez vous faire est un engagement à vivre votre vie avec authenticité. Cependant, être fidèle à soi-même n'est pas une tâche facile. Nous devons nous libérer des séductions du monde et vivre comme nous l'entendons, en fonction de nos propres valeurs et tournés vers nos rêves les plus intimes. Nous devons puiser dans notre moi caché ; nous devons explorer les espoirs, les désirs, les forces et les faiblesses invisibles qui sont profondément enfouis dans notre être et qui font de nous ce que nous sommes.

Nous devons comprendre notre cheminement antérieur et notre destination. Chaque décision que nous prenons et chaque pas que nous faisons doivent être fondés sur notre engagement à vivre une vie authentique, honnête et fidèle à nous-mêmes, rien qu'à nous-mêmes. Et de cet engagement découle la certitude de connaître un bonheur bien supérieur à tout ce que nous pourrions imaginer.

Affrontez vos peurs

Ce qui nous retient dans la vie est l'invisible architecture de la peur. Elle nous maintient dans notre zone de confort, c'est-à-dire le lieu le moins sécuritaire où nous puissions vivre. En fait, le plus grand risque dans la vie, c'est de ne prendre aucun risque. Mais chaque fois que nous osons faire quelque chose qui nous effraie, nous nous réappropríons le pouvoir qui nous a été ravi, car de l'autre côté de nos craintes vit notre force.

Chaque fois que nous nous aventurons dans l'inconfort que suscitent la croissance et le progrès, nous acquérons une plus grande liberté. Plus nous affrontons nos peurs, plus nous reconquérons notre pouvoir. Et c'est ainsi que nous trouvons courage et puissance, et que nous pouvons vivre la vie de nos rêves.

Vivez avec bonté

Il est important de se rappeler que tout comme nos paroles sont nos pensées verbalisées, nos actions sont nos croyances matérialisées. Aucune action, aussi petite soit-elle, n'est insignifiante – la façon dont nous traitons quelqu'un détermine notre façon de traiter tout le monde, incluant nous-mêmes. Si nous ne respectons pas autrui, nous ne nous respectons pas nous-mêmes.

Si nous nous méfions d'autrui, nous nous méfions de nous-mêmes. Si nous sommes cruels avec autrui, nous serons cruels avec nous-mêmes. Si nous n'aimons pas ceux qui nous entourent, nous ne nous aimerons pas nous-mêmes. Dans toute relation avec les autres, dans tout ce que nous faisons, nous devons faire preuve de plus de bonté que ce que l'on attend de nous, nous devons être plus généreux, plus positifs que nous ne le croyons possible. Chaque instant passé en face d'un autre être humain est une occasion d'exprimer nos valeurs les plus chères et d'influencer quelqu'un avec notre humanité. Nous pouvons rendre le monde meilleur, une personne à la fois.

Faites de petits progrès chaque jour

La façon dont nous accomplissons les petites choses détermine la façon dont nous faisons tout. Si nous nous acquittons bien de petites tâches, nous excellerons dans les grandes. La maîtrise devient alors notre façon d'être. Mais plus important encore, chaque petit effort s'ajoute au suivant et, brique après brique, on peut ainsi créer des choses magnifiques. Une grande confiance s'installe alors en nous et nous pouvons concrétiser des rêves hors du commun. Le véritable sage sait que les petites réalisations quotidiennes se traduisent avec le temps par des résultats exceptionnels.

Pour vivre pleinement, faites un travail dans lequel vous excellez

Il n'y a pas de sot métier. Tout travail est une occasion d'exprimer nos talents personnels, de créer un art qui nous soit propre et d'exploiter les dons qui nous ont été donnés. Nous devons travailler comme Picasso a peint : avec dévotion, passion, énergie et excellence. Ainsi, notre productivité deviendra non seulement une source d'inspiration pour les autres, mais elle aura aussi un impact – elle fera une différence dans la vie de ceux qui nous entourent.

L'un des plus grands secrets d'une vie merveilleusement épanouie est de faire un travail qui compte. Et d'y atteindre un tel degré de maîtrise que les gens ne pourront détacher les yeux de nous.

Choisissez bien vos influences

Nous ne traversons pas la vie seuls ou séparés du monde qui nous entoure. Nous devons donc toujours être conscients des choses et des gens que nous laissons entrer dans notre vie. C'est faire preuve de sagesse que de choisir de passer du temps dans ces lieux qui nous animent et qui nous remplissent d'énergie, et de nous associer à des gens qui nous stimulent et nous inspirent.

Que ce soit au travail ou dans notre vie personnelle, ces amis et ces collègues positifs nous inciteront à donner le meilleur de nous-mêmes et à vivre pleinement.

Dans la vie, les plaisirs les plus simples sont aussi les plus grandes joies

La plupart des gens ne découvrent ce qui est vraiment important dans la vie que lorsqu'ils sont trop âgés pour en profiter. Ils passent les meilleures années de leur vie à convoiter des choses qui, à la fin, importent peu. La société nous invite à accumuler les biens matériels, mais en notre âme et conscience, nous savons que les plaisirs les plus simples sont ceux qui nous enrichissent et nous nourrissent.

Que nous soyons riches ou pauvres, une abondance de plaisirs simples est à notre portée, n'attendant qu'à être appréciés. En leur permettant d'entrer dans notre vie, nous accueillons un plus grand bonheur. Notre cœur se gonfle de gratitude. Et chaque jour devient un don stupéfiant.

Le but de la vie, c'est d'aimer

Aimez beaucoup et vous vivrez bien. Le cœur est plus sage que la tête. Honorez-le. Faites-lui confiance. Suivez-le.

Le dépassement de soi

Il n'y a pas un seul être humain de trop sur la planète. Chacun de nous est ici pour une raison, un but particulier, une mission. Oui, crée une vie merveilleuse pour toi-même et ceux que tu aimes. Oui, sois heureux et amuse-toi beaucoup. Eh oui, réussis comme tu l'entends et non comme te le suggère la société. Mais, surtout, accomplis des gestes significatifs.

Fais en sorte que ta vie ait un sens. Sois utile. Sois serviable et aide le plus grand nombre de gens possible. C'est ainsi que chacun de nous peut passer du domaine de l'ordinaire au zénith de l'extraordinaire. Et faire partie de l'élite de l'humanité.

À propos de l'auteur

Robin Sharma est l'un des auteurs les plus lus dans monde. Parmi ses 11 best-sellers internationaux, on compte *Le moine qui vendit sa Ferrari*, un roman d'inspiration devenu un classique, *Qui va pleurer... quand vous mourrez ?*, *L'excellence, une attitude à adopter* et *Le Leader sans titre*, tous publiés aux éditions Un monde différent.

Les ouvrages de Robin se sont vendus à plus de 5 millions d'exemplaires dans plus de 40 pays, et ont été traduits en 46 langues. Ses innombrables admirateurs – avec qui il adore échanger sur Facebook et Twitter – incluent des vedettes de cinéma, des géants du monde des affaires, des membres de plusieurs familles royales et des gens de tous les horizons.

Robin est un conférencier très prisé. Il voyage partout dans le monde et travaille avec des clients tels que Nike, GE, FedEx, IBM, Coca-Cola, l'Université Yale et The Young Presidents' Organization. Pour de plus amples renseignements sur ses services, consultez robinsharma.com.